文部科学省後援

2024年版 **B検**

ビジネス能力検定 ジョブパス

3級

公式テキスト

一般財団法人 職業教育・キャリア教育財団 監修

日本能率協会マネジメントセンター

刊行にあたって

一般財団法人 職業教育・キャリア教育財団

理事長　福田　益和

　本財団は、2012 年 4 月に財団法人 専修学校教育振興会から名称を変更し、一般財団法人 職業教育・キャリア教育財団となりました。旧財団は、30 年以上にわたり専修学校教育の発展に寄与し、新財団では、その教育的資産を引き継ぎ、広く社会に対して職業教育・キャリア教育の振興に資する活動を行って参ります。その理念の核として文部科学省後援ビジネス能力検定（通称、B 検）があります。

　ビジネス能力検定は、生涯学習の浸透にともない、これまでも専門学校生をはじめとして社会人、大学生、短大生など幅広い層からの受験者を迎えてきました。昨今の DX をはじめとした社会・経済環境の急速な変化のもと、職業教育・キャリア教育の必要性と重要性がますます高まっております。職業教育・キャリア教育の推進のツールとして役割を果たしていくために、2013 年度からプログラム全体を再構築し、ビジネス能力検定ジョブパス（通称、B 検ジョブパス）と試験名称を変更して新たなカリキュラムおよび試験形式に変更すべきとの結論に至りました。今後も学生や社会人のキャリアビジョンを構築し、充実したキャリアを形成していくと同時にビジネス能力の向上が図れるようビジネス能力検定ジョブパスを実施して参ります。

　また、2015 年 10 月より 2 級・3 級にもインターネットに接続されたパソコンで受験が可能なＣＢＴ方式を導入し、試験日を自由に選択できる形態を導入しました。これまでより大幅に受験機会が増え、学習プランが組み立てやすくなります。

　『ビジネス能力検定ジョブパス公式テキスト』を活用されることにより、より多くの方々がビジネス社会において有為な人材として活躍されることを祈念いたします。

ビジネス能力検定ジョブパス
試験概要

2023 年 10 月末現在の情報です。

ペーパー方式[*1] 　2級・3級

●実施級・試験日・出願期間

	実施級	試験日	出願期間
前期試験	2級・3級	7月第一日曜日（全国一斉）	4月1日～5月中旬
後期試験	2級・3級	12月第一日曜日（全国一斉）	9月1日～10月中旬

●試験時間

級	説明時間	試験時間
3級	10：20～10：30	10：30～11：30（60分間）
2級	12：50～13：00	13：00～14：30（90分間）

●合格発表

2級・3級	前期試験：8月下旬　　後期試験：1月下旬

＊1　2022 年度からペーパー方式は団体受験のみとなりました。個人受験をご希望の場合は CBT 方式をご利用ください。

CBT 方式 　1級・2級・3級

●実施級・試験日・出願期間

実施級	試験日		出願期間
1級	前期	9月初旬～中旬[*2]	団体：試験実施日の2週間前まで
	後期	2月初旬～中旬[*2]	
2級・3級	団体：試験日、試験開始時刻は随時自由に設定可。 個人：指定会場により試験日、試験開始時刻が異なります。 （詳細はホームページをご覧ください。）		個人：試験実施日の3週間前まで

＊2　団体受験：上記のうち試験センターが指定する期間内で、自由に設定できます。
　　　個人受験：上記のうち試験センターが指定する期間内で、指定会場が設定する試験日です。

ＣＢＴ方式とは：CBT（Computer Based Testing）方式は、パソコン画面で受験できる試験方式です。（インターネットに接続できる環境が必要となります。）

●試験時間

級	説明時間	試験時間
1級	10分間	90分間
2級		
3級		60分間

●合格発表

1級	前期試験：10月下旬　　後期試験：3月下旬
2級・3級	試験終了ボタンを押すと、その場で合否結果を表示

受験料 （税込み）

級	3級	2級	1級
金額	3,000円	4,200円	8,500円 [*3]

＊3　1級受験料優遇措置：2級合格者が一定期間内に受験する場合は、5,500円 （税込み） となります。
（ただし、 1回限り）

◆ ペーパー方式2級合格者の優遇対象期間

　2級合格者が1年以内に受験する場合。
　例）2024年度前期2級合格者：2024年度前期、2024年度後期のいずれかの期間で1回。

◆ CBT方式2級合格者の優遇対象期間

2級試験日（＝合格登録日）	優遇対象となる1級試験回
1月1日〜7月31日	試験日の年の前期試験（9月） 試験日翌年の後期試験（2月） ｝のいずれか1回
8月1日〜12月31日	試験日翌年の後期試験（2月） 試験日翌年の前期試験（9月） ｝のいずれか1回

　なお、優遇措置を使った1級出願手続きは、システムの都合上、2級試験日（合格登録日）の翌々日から可能です。（1級の出願期間は、B検ホームページにて確認ください。）

受験対象

1級・2級・3級	どなたでも受験できます。

出題形式

ペーパー方式	2級・3級	解答マークシート方式
CBT方式	1級	解答記述入力方式
	2級・3級	解答選択方式

合格基準

1級	60 / 100点 [*4]
2級	65 / 100点
3級	70 / 100点

各級とも100点満点

＊4　配点得点：体系的知識問題50点、実践応用問題50点のうち、体系的知識問題25点、実践応用問題20点以上の得点が必要で、体系的知識問題で基準点に満たない場合、実践応用問題は採点されません。

※最新の情報は、下記ホームページでご確認ください。

一般財団法人 職業教育・キャリア教育財団　検定試験センター

〒102-0073　東京都千代田区九段北4-2-25 私学会館別館

TEL：03-5275-6336　　FAX：03-5275-6969

（休日：土・日・祝日および年末・年始）

URL：https://bken.sgec.or.jp/

目次
Contents

第1編　ビジネスとコミュニケーションの基本

第1章　キャリアと仕事へのアプローチ ……………… 16

第2章　仕事の基本となる8つの意識 ……………………… 22

第3章　コミュニケーションとビジネスマナーの基本 ……… 32

目次
Contents

巻末資料

期待される社会人・職業人を目指して

~学生時代に学ぶこと・考えること~

　社会人・職業人になった皆さんの先輩たちから、学生時代の過ごし方について、いろいろな反省のことばを聞くことがしばしばあります。たとえば、つぎのようなことです。

　「授業をもっと積極的に真剣に受け、多くのことを学ぼうとすればよかった」

　「卒業後の人生や働く意味について、しっかりと考えて就職活動をすればよかった」

　「学生時代にしかない夏休みや春休みの貴重な長期休暇を、もっと有効に活用すればよかった」

　「社会人をはじめ、いろいろな人たちと積極的に人間関係を築きコミュニケーション能力を高めておけばよかった」

　「社会人・職業人として必要なマナーを修得しておけばよかった」

　「外国語を真剣に学んでおけばよかった」

　皆さんには、このような諸先輩の反省から多くを学び、考えて、期待される社会人・職業人を目指してほしいと思います。大切な学生時代を、反省することはあっても後悔することのないよう、有意義に過ごしてください。

期待される社会人・職業人とは

　ひと言で言うと、期待される社会人・職業人とは、**社会的にも職業的にも自りつ（立・律）している人**のことです。具体的には、社会のルールを守れる人、自分のことだけを考えるのではなく、他人や社会のためになることを考えて行動できる人のことです。また、自りつして生活できる糧（お金）を、修得した職務遂行能力によって継続的に自ら得ることができる人のことです。さらに、自分自身を、精神的にも成長させ、自己管理ができ、誠実に仕事をすることによって周囲から信用・信頼を得ることができる人のことでもあります。このような期待される社会人・職業人を目指し、学生時代の貴重な時間を、よく学び、よく考えて有意義に過ごしてください。

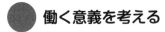 働く意義を考える

　これから社会的にも職業的にも、そして、経済的にも、自りつして生活していくためには、**働くことが必要不可欠**であることは、いうまでもありません。

　働く意義について、ぜひ、いろいろな角度から真剣に考えて充実した職業人生を過ごせるようにしてください。

（1）生活の糧を得る

　社会的・職業的に自りつしていくためには、日々の生活を、**自らの力で安定して維持・向上させていくこと**が不可欠です。そのためには、生活の糧を得ることが必要となります。

（2）自己の成長につながる

　人は、一生懸命に働くことによって、さまざまな面で成長することができます。仕事を通じた**人間的な成長**という点では、つぎのようなことが期待できます。

　「コミュニケーション能力が向上し、良好な人間関係を築くことができるようになる」

　「困難な状況にあっても逃げることなく、積極的に勇気をもって立ち向かうことができるようになる」

　「自分のことだけでなく、上司や同僚、お客さまや取引先など、他者のことを考えて行動できるようになる」

　また、**職業遂行能力の向上**という点では、「担当する仕事を通して知識・技術を高めることによって、上司の日常的な命令を受けなくても、主体的・積極的に遂行できるようになる」「知識・技術が向上し、職場の上司・先輩・同僚から信用される仕事ができるようになる」などがあります。

（3）人とのつながりが広がる

　働くことを通じて、所属する組織や職場の人たちだけではなく、お客さまや取引先など多くの出会いがあります。「人生我以外皆師」ということばがあります。「**自分以外の人は、すべて、自分に何かを教えてくれる先生だ**」という意味です。このことばのとおり、いろいろな人たちから刺激を受け、学ぶことができます。また、素直で誠実な言動をしていれば、困難な状況になったときに親身になって

相談に乗ってくれる人や、惜しみない支援をしてくれる人との出会いもあります。

（4）社会に貢献できる

　誠実かつ積極的に働くことを通じて、所属する組織や職場に対して貢献するだけではなく、社会に対しても貢献していくことになります。そして、このようなことが皆さんの**働きがいや生きがい**を得ることにつながるのです。

就職先を決めるためにも考え、行動する

　就職先を決めることは、皆さんのこれまでの人生のなかで、もっとも重大な選択です。したがって、家族、先生、先輩などに相談をするのはもちろんのことですが、いろいろな視点から十分検討して決めることが大切です。とくに、**就職説明会、インターンシップ、会社訪問などの体験**は有効な判断材料となりますので、積極的に行動し、考える場として活用してください。

（1）どのようなライフスタイルを選ぶのか

　就職先を選ぶことは、自分のライフスタイルを選ぶことと大きな関係があります。就職先によっては、国内・国外を問わず転勤を命じられることもあります。また、担当する仕事の種類が、自らの意思とは関係なくしばしば変わる就職先もあります。雇用の形態（正規か非正規かなど）、賃金、働く時間帯や休日・休暇などの労働条件も、自分のライフスタイルに合わせて選ぶ必要があります。

（2）どのような仕事をしたいのか

　将来、どのような仕事に就きたいのかを考えている人もいれば、考えていない人も多いことでしょう。どのような仕事に就きたいのかを考えるには、多少でも**興味や関心があるのは何か**ということから考えてみるのも1つの方法です。また、関心のある職種について、先輩の体験を聞いたり、インターンシップや会社訪問をしたりしてみることなども、仕事選びのヒントになります。

（3）どのような仕事に向いているのか

　今までに自分が興味や関心をもったことは何かを考えることは、自分の適性を知る手がかりになります。また、就職の筆記試験に使われるような適性検査も参考に

なります。さらに、先生、家族、友人などの意見も参考にして、考えてみることも大切です。しかし若い人には幅広い適応力があることを忘れないでください。

（4）すべて満足できる就職先や仕事はない

就職先や仕事を選択するにあたって、さまざまな視点から調べたり、多くの就職説明会に参加したり、周囲の人に相談したりして真剣に考えても、現実には、皆さんが希望するすべてを満足させる就職先や仕事はないといっていいでしょう。したがって、**何を優先すべきかについて十分に考えて決断する**ことが大切といえます。

とくに、**正規雇用か非正規雇用か**についての選択は、最優先事項として考えてください。

 ## 学生時代に身につけておくこと

期待される社会人・職業人になるためには、学生時代に学び、考え、身につけておくべきことがたくさんあります。学び、考えることは、生涯にわたって必要なことですが、とくに、皆さんのように若いときに積極的に学ぶことや真剣に考えることが、人生においてもっとも効果的に身につくのです。今が皆さんにとって貴重な時期であることを自覚してください。

（1）規則正しい生活習慣

周囲から信用・信頼される人になるためには、心身の健康がもっとも大切です。学生時代から、**食生活の管理、規則正しい睡眠時間、適切な運動や趣味**などを心がけ、心身の健康を維持する生活習慣を身につけることが大切です。

（2）コミュニケーション能力

現代の若者の課題としてコミュニケーション能力の不足が指摘されています。社会人をはじめいろいろな人たちと臆することなく積極的に交流することによってコミュニケーション能力の向上に努力してください。

（3）日常生活のマナー

周囲の人から好感をもたれ良好な人間関係を築くためには、日常生活でのマ

ナーを身につけることが大切です。また、就職活動を効果的に行うためにも、**積極的に、家族や先生など身近な人たちからマナーを学ぶこと**を心がけましょう。マナー講習会などに参加することも有効です。

（4）学ぶ楽しさ

　めまぐるしく変化する現代社会に生きる皆さんにとって、新しい知識・技術を学び、修得することは、豊かな人生を送り、期待される社会人・職業人を目指すうえで必要不可欠なことといえます。**人は、本来学ぶ欲求をもっている**のです。生涯にわたって自己を啓発する高い学習意欲をもち続けられるように、学生時代に学び方を身につけるとともに学ぶ楽しさや喜びを体得してください。

（5）情報リテラシー

　リテラシー（識字）とは、文字を読み書きする能力のことですが、情報リテラシーは、**「情報技術を使いこなす能力」**と**「情報を分析し、活用する能力」**を意味します。高度情報社会にあって、情報のもつ価値は以前と比較して非常に高くなっており、情報量も多くなっています。情報技術を身につけておけば、簡単に必要な情報を手に入れることができますが、手に入れた情報を的確に分析し、活用する能力を身につけておくことがきわめて重要なのです。したがって、多面的な視点から考える習慣や、専門的な知識・技術を身につけるようにしてください。

（6）特技や貴重な体験

　グローバル化が進展している社会にあって、英語をはじめとする語学力が求められています。語学力を身につけるのは、若ければ若いほど効果的です。ぜひ、学生時代に身につけるよう努力してください。また、学生時代には長期の休暇がありますから、その時間を有効に活用して、ボランティアや海外研修などを体験することも、充実した学生時代を送ることにつながります。

　ぜひ、『ビジネス能力検定ジョブパス3級公式テキスト』を参考にビジネス能力の基本・基礎を学び、期待される社会人・職業人を目指してください。

第1編

ビジネスと
コミュニケーションの基本

この編の内容

　職場では、仕事を効率よく進め、確実に成果を上げるために、コミュニケーションが大切です。社内では、上司や同僚とのチームワーク、社外では、取引先との人間関係など、円滑なコミュニケーションをはかることが重要となります。

　それにはまず、会社のルール、身だしなみ、あいさつの仕方、ことばづかいなど、社会人としてのマナーをしっかり身につけ、良好な人間関係を築くことが必要です。

1 働く意識

❶ 自分のキャリアを考える

　皆さんは、社会人としての自分の成長を思い描くことができますか。まず、成長した自分はどのようなことをしたいのか、どのような人になりたいのかを考えてみてください。自分のキャリアを考えることは、そこから始まります。

　仕事に就くということは、単に会社を選ぶということではありません。どのような仕事をするかを選ぶことです。同じ会社に勤めても、さまざまな役割分担があります。また、家業を継いだり、自分で会社を始める（創業する・起業する）こともあるでしょう。

　職業上の経験だけでなく、結婚や出産などさまざまな人生のイベントやプライベートな人間関係などが積み重なって、豊かなキャリアとなっていきます。どのようなキャリアを積んでいくのかは、「自分はどういう人間なのか」という生き方そのものにつながります。キャリアは、自分で築くものなのです。

▶キャリア
　英語の career という単語には「職業、専門的職業」「経歴、職歴、履歴」という意味があります。

▶キャリア形成
　「なりたい自分」の像を掲げて、現実化するためのプロセスをいいます。自分にとってやりがいのある仕事を得るためには、自分を理解し、興味のある職業や職務の内容を知り、その職業に就くための能力（エンプロイアビリティ）を身につけていくことが必要です。

❷ 働くことは生きること

　子どもは両親や社会から守られ、育てられて大人になり、やが

て自立します。自立のためには自分の力で収入を得て、生活の糧（かて）を得るためには、まず仕事に就いて働かなければなりません。

学校教育を終えると、あとの長い人生のほとんどを働いて過ごすこととなります。「働く」時間は、そのまま皆さんの「生きている」時間でもあるのです。働いている自分は給料をもらうための「機械」のようなもので、仕事以外の趣味や交友で過ごす自分が「本当の自分」ということではありません。仕事の時間もそれ以外の時間もすべてが皆さんの人生そのものです。働く時間をいきいきと楽しく充実したものにし、職業人として成長していくことが、皆さんの人生をより充実したものにするのです。

❸ 社会が求める人になる

会社が求める人材像は、時代に合わせて変化します。変化の激しい現代で自分を支える力となるのは、仕事を通じて培った能力であり、経験です。

会社は、人材の募集にあたって「求める能力」を明示するようになりました。「採用してから育成する」だけでなく、「仕事ができる、能力のある人を採用する」という考え方が強くなっています。

社会が求める資質と能力をもっていれば、会社での仕事の場は開かれています。会社や広く社会とのかかわり合いのなかで、自分の役割を果たすことができるようキャリア形成を考えることが必要です。

仕事に真剣に取り組み、成果につながると、つぎの新しい道が開けてきます。職場で、あるいはお客さまから頼りにされるようになります。組織や上司からの評価も高まれば、より大きな仕事を任されるようになり、仕事が充実して楽しくなるでしょう。

「『この仕事だったらあの人に』と言われるようになる」「新しい挑戦を任せられる」など、一つひとつ成果を積み上げていくことで、充実した将来が切り開かれるのです。

▶**インターンシップ**
就職前の学生が一定期間、職場を体験する制度。実際に仕事を体験することで自分の今の力や職業への適性を見ることができます。

▶**エンプロイアビリティ**
雇用されうる能力。産業構造の転換にともなう雇用流動化により、注目を浴びるようになった言葉。働く人自らの職業能力開発が大切であることはもちろん、会社の従業員に対する教育・訓練も要請されます。

▶たとえば「独立して自分で○○の会社を興す」という将来の自分をイメージして、そのためのキャリアを計画してみましょう。キャリアは無数に考えられ、自分で選べることも選べないこともあります。今を見つめ、柔軟な発想で、変化を恐れず、目標をもつことが大事です。

2　仕事への取り組み方

❶ 社会人としての意識

　社会人になるということは、学校という「学びの場」から「実践の場」に出ていくということです。そこでは、仕事の成果だけではなく、納税の義務など社会のルールに従い、社会へ貢献することも求められます。

　会社に入ることさえできれば、会社から与えられた仕事を毎日していれば将来は安泰だということではありません。周囲から求められる存在になることや、場合によっては、自分の力で起業することも意識し、自立した責任ある社会人としての行動を身につけなければなりません。また、他人との関係を大切にし、どのように見られるのか、どのように振る舞えばよいのかを考えて行動することが大切です。よく周囲を見渡して状況を把握し、他人の意見や助言に耳を傾け、報告や連絡など、伝えなければならないことをきちんと伝えるよう心がけましょう。

▶社会のルール
社会人になると、働くことのほか、納税などの義務も発生します。税金の知識については、2級テキスト第2編第6章第6節を参考にしてください。

❷ 仕事には責任がともなう

　仕事は、何人もの人の協力のうえに成り立っています。そこには組織（チーム）が構成されています。そのチームのメンバーがそれぞれの役割を期待どおりに発揮しなければ、会社が目標としていた成果を上げることはできません。ビジネスチャンスを失ったり、損失をもたらしたりします。チームのメンバー一人ひとりは、お互いに協力し合いながら、自らの職務をしっかり果たさなくてはなりません。それが責任ということです。

▶責任を重んじる気持ちがあるからこそ、仕事のやりがいが生まれてくるのです。

❸ 職業倫理をもつ

　社会人として、法律や社会の規範、ルールを守らなければならないのは当然のことです。自分自身の保身や会社の利益のために不正をしたり、間違いを隠したりすることは、会社にとっても自分にとってもよい結果を招きません。

　仕事に関係する法律やルールをしっかりと勉強し、規範を学び、善悪を正しく判断し、それに従って行動することが大切です。

　また、公私の区別をし、品位ある行動をすること、交渉相手やお客さま、同僚といった関係者の人格を尊重することを心がけましょう。自分の仕事は、社会に貢献しているとともに、社会に影響を及ぼしているということを忘れてはなりません。

▶仕事に関係する法律
　２級テキスト第２編
　第６章を参照してください。

❹ 積極性と自主性

　仕事は真剣に取り組むことによって、自分の力を限りなく伸ばしてくれるものです。言われたことだけでなく、自分から進んで仕事に取り組む姿勢をもつことが大切です。

　どのような仕事でも、最初はできないのがあたりまえです。それを乗り越えることで成長できます。図表１－１のステップで、創意工夫を加えていくと仕事が楽しくなるでしょう。失敗を恐れず、とにかくやってみようという姿勢が大切です。

図表１－１　仕事のステップ

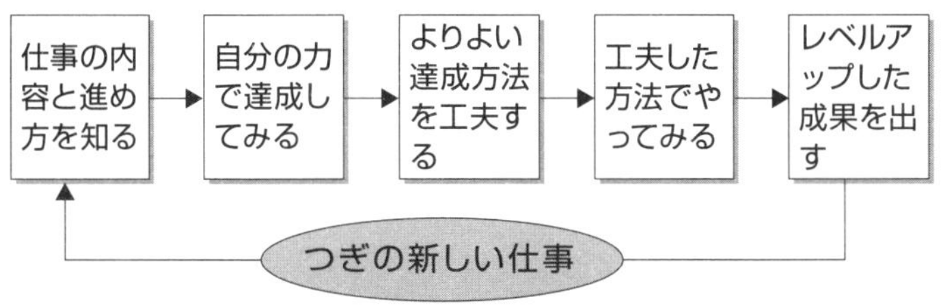

仕事の内容と進め方を知る → 自分の力で達成してみる → よりよい達成方法を工夫する → 工夫した方法でやってみる → レベルアップした成果を出す

つぎの新しい仕事

3　会社の基本とルール

❶　社会の一員としての自覚

　仕事をするということは、商品やサービスを通じて社会に影響を与えるということです。お客さまから受け取る代金に見合うよう、少しでもよい商品を、少しでも満足できるサービスを提供しようという気持ちが必要です。また、会社から一歩外に出れば、お客さまや取引先からは会社の代表として見られます。たとえ新人であっても、責任ある行動が求められます。

❷　社会のなかの会社（組織）

　会社（組織）もまた、社会の一員として存在しています。会社が社会から好意をもって迎えられるために求められているのが、**コンプライアンス**です。

　コンプライアンスとは、一般的に「法令順守」と訳されます。法律や規則を守ることだけでなく、不公正・不透明な取引活動を禁止することなどをいい、多くの会社で、コンプライアンスプログラム（企業倫理規程）が定められています。

　コンプライアンスを重視することで、一部のお客さまや取引先にとっては融通がきかず、利益を損ねることになる場合があるかもしれません。しかし、それを避けるために例外措置をとっていると、後日、不公正・不透明であることが指摘され、会社にとって取り返しのつかない信用問題になりかねません。コンプライアンスに反した場合のダメージが大きいものであることは、実際に起きた近年の事例からも明らかです。

▶友人関係が中心であった学生時代と大きく違う点として、公私のけじめをつけることがあります。

▶会社という枠だけではなく、一人の社会人として、日ごろから相手の立場を理解し、尊重する姿勢をもつことが必要です。

▶コンプライアンス
会社が法律や内規などの基本的なルールに従って活動することです。法令違反により信頼を失墜させた事例が繰り返されているため、会社活動における法令違反を防ぐという観点から注目されるようになりました。

▶業界内で定めた独自基準を守っていないことが発覚したことで、法律違反ではないにしても業界内での信用を失った事例もあります。

一度失った会社の社会的信用を取り戻すことは、大変難しいものなのです。

❸ 会社のなかの組織（分業システム）

会社が利益を上げながら社会に貢献し、自らも成長・発展していくためには、まず、事業の目的を明確にしたうえで、目的を達成するために仕事を分担します。つぎに、それぞれに適切な人材を配置し、指示、報告・連絡の経路とルールを整備します。

仕事の分担の仕方によって、経営組織はいろいろな形態に分けられます。日本の多くの会社は、階層別のタテの分業、部門別のヨコの分業とで成り立っています。自分の会社の個々の部門が、全体の構造のなかでどのように結びついているのか、よく理解する必要があります。

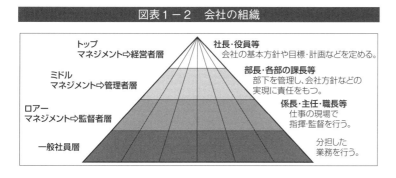

図表1－2 会社の組織

❹ 組織のなかでの自分の役割

会社で仕事をするうえで、自分が配属された部門の仕事を覚えるだけでなく、自分の会社の業種、規模、組織の特徴などを理解しておくことが大切です。そして、組織全体のなかで、自分が果たす役割を考えます。小規模な会社の場合、いくつかの役割を一人で担当することもあります。

どのような仕事を担当しても、いっしょに働く人や、お客さまの満足を第一に考えて仕事にあたりましょう。

▶会社の種類
・ 株式会社：株式と呼ばれる細分化された社員権をもつ有限責任の社員（株主）のみの組織です。
・ 合名会社：個人事業の事業主が複数で共同事業化した組織です。社員は無限責任を負い、原則として各自が業務を執行し、会社を代表します。
・ 合資会社：有限責任社員と無限責任社員からなる組合のような組織です。
・ 合同会社：社員が間接的に有限責任のみを負う組織です。

▶株式会社の役職の例

タテの関係
代表取締役社長
専務取締役
常務取締役
取締役
部　長
次　長
課　長
係　長
主　任

▶人事や経理など直接お客さまに接しない部門であっても、一つひとつの仕事は最終的に「お客さまを満足させること」につながっているのです。

1 ８つの意識

❶ 仕事の基本姿勢

　現代は、ものや情報が世界中を激しいスピードで飛び交い、さまざまな技術が急速に進歩するなかで、人々のくらしや考え方も、めまぐるしく変化しています。会社は、このなかで人々から選ばれ、生き残り、勝ち抜き、成長発展していくために、つねに環境に合わせて変化し、また、世界中のさまざまな国や地域で進出・撤退を繰り返しています。

　このような厳しい時代に、仕事に自信をもって取り組み、組織の一員として力を発揮するためには、どんなに環境が変化しても変わらない「仕事の基本」を、しっかりと身につけておかなければなりません。仕事の基本となる心がまえとして、つぎの「８つの意識」をあげることができます（詳しくは、第２章第２節以降に述べていきます）。

図表２−１　仕事の基本となる８つの意識

① 顧客意識	お客さまを第一に、お客さまの目線で考えること
② 品質意識	質の高い仕事をすること
③ 納期意識	期限を守ること
④ 時間意識	時間をムダにしないこと
⑤ 目標意識	目標を設定し、それに向かって仕事をすること
⑥ 協調意識	チームメンバーなど関係者と協調すること
⑦ 改善意識	問題を発見し改善すること
⑧ コスト意識	仕事のコストを認識しムダをなくすこと

② 1つの仕事を8つの意識で

1つの仕事をするにあたって、いつも8つの意識をもつ必要があるということに気をつけましょう。たとえば、品質さえよければよいという仕事や、納期だけ守ればよいという仕事はありません。

③ 8つの意識のバランスが大切

多くの場合、8つの意識を同時に、どれも完全に満足させることは困難です。一方を満たせばもう一方が不足するということもあります。

たとえば、前の仕事では「ある程度コストがかかっても品質を追求した」が、今回の仕事は「お客さまが急いでおり、できるかぎり時間を優先し、品質は最低ラインを維持する。コストもある程度かかってよい」といったように、8つの意識のバランスはつねに同じではありません。

仕事の内容を熟知し、そのとき要求される条件を正確につかむことが大切です。そのうえで、8つの意識のうち、優先するものと最低限維持するもののバランスを判断して、仕事の進め方を決めることになります。

図表2-2　8つの意識の関係

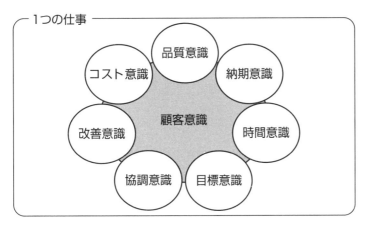

もっとも大切なのは、中心にある「顧客意識」です。

▶顧客意識については、第2章第2節で詳しく説明します。

2 顧客意識

❶ すべての基本は「お客さま第一」（顧客意識）

　製品をつくる、商品を売る、サービスを提供する―こうした活動は、すべて買う側、受ける側のお客さまあってのことです。お客さまが欲しくない商品は売れず、お客さまが満足できないサービスは求められません。もっとも大切なのは、「『お客さまのことを考える』という姿勢＝顧客意識」です。

　顧客意識は、仕事の基本となる８つの意識のうちで、最優先すべきものです。つねにお客さまに満足していただくためにはどうすればよいかを考えて仕事に取り組みましょう。

❷ 顧客満足度を高める姿勢や行動

　お客さまにつねに満足していただける商品やサービスを提供するためには、つぎのような姿勢や行動が大切となります。

（1）お客さまが求めているものを理解する

　お客さまが求めているものは何か、不満に感じていることは何か、お客さまに接するときは、「本当はどうしてほしいのか」を考えることが重要です。

　自分が売りたいものをアピールして売りこもうとしても、それがお客さまの欲しいものでなければ買ってはいただけません。お客さまの要望に耳を傾け、理解することが、まず必要です。

　このためには、社会の出来事や動き、競争相手に関心をもち、お客さまの意識や行動の変化をつかむことも大切です。

▶お客さまの満足を測るため「CS；Customer Satisfaction（顧客満足度）」が使われます。

▶品質、納期、目標などは、お客さまを満足させるための指標（ゴール）です。協調、コスト、改善、時間などは、その指標に近づくために守るべき意識です。

▶ロールプレイング
研修手法の一種。営業などの実際の場面を想定し、ある"役割"を"演技"して、問題点や解決法を考えさせる学習法です。接客などの教育に使われ、顧客との応対を疑似体験することで、手順を覚えたり、自信をつけたりすることができます。

（2）お客さまの役に立つ商品やサービスを提供する

　お客さまの求めるものがわかったら、それに見合った商品やサービスを考えます。お客さまの購入した商品が、ほかに適当な商品がなくてやむを得ず買ったのであれば、お客さまの希望を満たしたことにはなりません。お客さまの反応に注意し、その商品やサービスがお客さまにとって本当に満足できるものなのかを考えましょう。たとえば、図表2－3の場合、「景色がよい空間でゆったり過ごしたい」というお客さまにどれほどおいしいコーヒーを提供していても、落ち着かない雰囲気の店であれば、次回の来店は望めないでしょう。

図表2－3　お客さまの本当の要望は何か

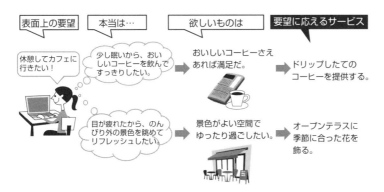

（3）「会社の都合」を優先していないか見直す

　毎日決まりきった仕事をしていると、知らずしらずのうちに会社の事情や仕事のやり方を優先し、それをお客さまに押しつけてしまうことがあります。自分たちが行っている業務を振り返って、やり方をつねに検討して、見直す姿勢が重要です。

（4）すべての部門で顧客意識をもつ

　日ごろ外部と接する機会が少ない管理部門などでは、お客さまといってもなかなかイメージがわかないかもしれません。しかし、すべての部門の人が、「自分が接する相手は、すべてお客さまである」という意識（社内顧客意識）をもって仕事に取り組むことが、外部のお客さまを第一に考える姿勢につながります。

▶お客さまの満足とともに従業員の満足を測るため「ES；Employee Satisfaction（従業員満足度）」が使われます。

▶具体的には、「つぎの人がやりやすいように仕上げる、渡す、伝える」ことを心がけましょう。たとえば、コピーを使ったあとコピー用紙が少ないときはつぎの人のために用紙を補充しておく、機械の故障に気がついたときはすぐに担当者に伝えるなどがあります。

3 品質意識、納期意識、時間意識

❶ 要求される条件を満たし、それ以上を求める（品質意識）

　お客さまを満足させる第一の条件は、お客さまの求めたものが食品であれば味が、道具や機械であれば機能や使い心地などが、お客さまの期待どおりのものであることです。

　会社が提供する商品やサービスの品質は、お客さまにとっては保証されて当然といえます。お客さまの望むとおりの商品やサービスを提供することが必要です。約束どおりの品質を維持し、さらにそれ以上の品質に高めるためには、そこで働く一人ひとりが、それぞれの役割について要求される品質を実現しなければなりません。

　「自分の仕事に要求されている条件は何か」ということをよく理解し、それを確実に満たし、さらにそれ以上のものへと、つねに仕事の品質を維持・向上することが望まれます。正確さ、丁寧さ、誠実さ、完成度に対するこだわりと向上心が、仕事の品質を高めてくれます。

▶さらにそれ以上の品質
要求どおりの商品やサービスが受けられるのはお客さまにとって「あたりまえ」のことです。期待以上のときにはじめてお客さまは「満足」を感じます。

❷ 期日を守ることが信頼につながる（納期意識）

　会社同士、商店同士の競争が激しい現代では、製品やサービスの充実はあたりまえのことであり、そのうえ、できるだけすばやくお客さまに対応することが重要になってきます。

　これは、外部のお客さまや得意先に対してはもちろんですが、社内の仕事相手に対しても同様です。仕事にはすべて予定があり、自分の仕事が遅れれば、仕事の相手にも影響を与えます。どんな

に重要な仕事でも、約束の期日までに完成しなければ価値はないも同然です。

また、期日・納期を守るといっても、ぎりぎりで間に合わせるのでは、受け取った人が検討や修正を行う余裕もなくなり、その人の仕事の品質を低下させるもとになります。会社全体から見て、仕事の品質を低下させないためには、余裕時間を見こんだ仕事の進め方が大切になります。

▶仕事の期日が守れないということは、個人としての信用が築けないだけでなく、会社の信用を落とすことにつながります。

第1編

2

図表２－４　納期を守るためのポイント

① どんな仕事でも必ず納期・期限を確認する。
② 仕事にはあらかじめ期限を設定し、必ず守るように努力する。
③ 納期から逆算してスケジュールを立てる。
④ 仕事の手順・段取りを決め、手順ごとの期日や期間の計画を立てる。
⑤ 自分一人の手に負えない仕事を、いつまでも抱えこまない。
⑥ 計画に遅れが生じるようであれば上司に相談し、納期を守る改善策を検討する。

❸ スピーディーな仕事と時間の節約（時間意識）

仕事は迅速に手ぎわよく進めることが大切です。重要な仕事にできるだけ多くの時間を割りあて、比較的重要ではない仕事は削って、時間を有効に使うという意識をもつことが大事です。

▶同じ仕事を繰り返すときは、もっと短時間に効率よくまとめられないかを考えます。

図表２－５　日々の的確な時間管理のポイント

① 毎日、仕事の優先順位とスケジュールを確認する。
② 前もってできることは後まわしにせず、すぐにやっておく。
③ 日常業務の予定はその日に必ず終わらせる。
④ 自分に関係する仕事を行っている人の進行状況に気をくばる。

また、身のまわりをいつも整理・整頓し、あわてて物を探すことがないようにする、待ち時間はできるだけ減らしてその時間を他の仕事にあてる、仕事を正確に行ってミスを減らす、仕事中の私語は慎むなど、時間のムダをなくす意識をもちましょう。

4 目標意識、協調意識

❶ ゴールを設定して仕事に取り組む（目標意識）

　仕事は目標を立てることから始まります。何を、いつまでに、どう実現するかという具体的な目標を立て、それに向かって仕事を進めます。

　まず、組織全体の目標を立て、共有することが必要です。全員が1つの方向を目指せる明確な目標にもとづいて、それぞれのメンバーが何をすべきなのかという一人ひとりの目標が設定されます。反対に、メンバー一人ひとりが立てた目標は、全体で組織の目標に到達するというものでなくてはなりません。

　目標があると、「今、自分は何をすべきか」が明確になります。目標を達成するためにいろいろと工夫するのは楽しいことでもあり、また、達成度が具体的にわかります。もし目標を達成できなかったときでも、つぎに何をどれだけやればよいのか、改善策を練ってつぎの機会にのぞむことができるのです。

❷ 日々の小さな目標達成をつなげていく（目標意識）

　大きな目標に着実に近づいていくためには、個人でも会社でも、大きな目標を時間やレベルで細分化し、日々の小さな目標に置き換えることが大切です。

　日々の目標があると、毎日の到達度がわかり、問題があれば早いうちに発見して対応できるばかりでなく、仕事に張り合いが感じられます。また、目標の達成度合いに応じて、自分の能力が客観的に評価できます。

▶組織全体の目標

　目標は、長期、中期、短期といった期間で分けることができます。多くの場合、組織全体が目指す大きな長期的目標があり、それを具体化するために中期・短期の目標を立てています。

▶日々の小さな目標

　たとえば、経理部署に配属となり、「1か月以内に取引伝票を作成できるようになる」という目標にもとづいて、「最初の1週間で伝票の流れを把握する」という計画を立てたとします。この場合、つぎのように計画を日単位で細分化して、達成状況を確認していきます。

・1〜2日目：取引先別に伝票の種類を把握
・3〜4日目：伝票の保管方法を把握
・5〜7日目：帳簿への記載方法の理解

❸ 協力すれば力は倍になる（協調意識）

　仕事は一人ではできません。だれもが組織の一員として何らかの役割を分担し、協力して1つの大きな仕事を仕上げるのです。自分の仕事は、1つの大きな成果に結びついているのだということを理解し、まわりの人と協調して取り組むことが大切です。

　自分の仕事を完了させることのみで、まわりの人が困っていても無視しているようでは、結局、組織の仕事は仕上げられません。周囲の様子に気をくばり、いっしょに目標を実現しようという意識が必要です。また、自分の仕事に問題が発生したときには一人で抱えこまず、周囲に早めに相談し、協力を求めることが大切です。

　職場には、協調して仕事を進めるための約束ごとがあります。会議のやり方、文書の書き方、グループの日程や仕事の管理の仕方、報告の仕方など、さまざまです。こうしたルールやコミュニケーションのマナーを守って仕事を進めることで、協調しやすくなり、お互いの信頼が築かれていきます。

❹ 意見交換が自然にできる職場を目指す（協調意識）

　協調というのは、ただ「和気あいあいとして楽しい」ということではありません。職場の協調意識とは、仕事のうえで1つの目的を実現するために「全員の力を合わせる」ためのものです。

　意見交換が自然にできる職場では、いろいろな考えや経験の持ち主がふれ合うことで、それまでにはなかった新しい考え方や方法を生み出していくことができます。このような成果を生むためにも、「お互いに明るく、自由に意見を述べ合える雰囲気づくり」を皆が心がけることが大切です。遠慮や気がねは、無関心ややる気の低下につながります。

　自分の間違いを指摘されたら素直に認め、仲間のやり方に悪いところがあれば率直に指摘できる雰囲気づくりが、組織としての力（**相乗効果**）を引き出すのです。

▶**相乗効果**
1＋1が2になることではなく、3にも5にもなることです。力を合わせることで、単純な足し算以上の効果が生み出されます。

5　改善意識、コスト意識

❶ 仕事のムダ・ムリ・ムラを取り除く（改善意識）

　自分の仕事のやり方を客観的に見るというのは、意外にむずかしいものです。1つのやり方が身につくと、自分にとってはその方法が最良のもののように思えてきます。仕事の条件や環境が変わって、そのままではムダやムリが出てくるようになっても、仕事のやり方を見直そうという気持ちが起きにくくなります。

　仕事の条件や環境が変われば、それに応じて仕事のやり方も変える必要があります。仕事には、永遠にこれでよいというやり方は存在しません。新しい方法をつねに工夫して、「『ムダ・ムリ・ムラ』を取り除こうとする姿勢＝改善意識」が大切です。

　この改善意識のもとになるのが、**問題意識**です。今の状態をただあたりまえのこととして受け止めるのではなく、これはこのままでよいのか、ここはこうしたほうがよいのではないかなど、つねに新鮮な目でものを見ようとする意識をいいます。

　日々の仕事のちょっとしたことについても変化を見逃さず、また変化がないことに油断しないで、自分のまわりのことをつねに広い視野で、あるいは新しい角度から考えてみることが大切です。

▶ムダ・ムリ・ムラ
・ムダ：それをしても価値を生み出さないような状態（待ち時間があるなど）
・ムリ：仕事が多すぎて必要な余裕がなくなっている状態（人員に対して仕事量が多いなど）
・ムラ：あるときはムダになり、あるときはムリになる状態（作業量にばらつきがあるなど）

図表2-6　改善の手順

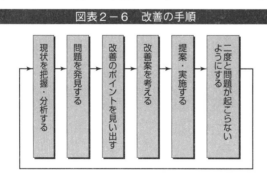

現状を把握・分析する → 問題を発見する → 改善のポイントを見い出す → 改善案を考える → 提案・実施する → 二度と問題が起こらないようにする

❷ 変化に機敏に対応する力をつける（改善意識）

　仕事の内容ややり方にも、つぎつぎと新しいことが取り入れられ、それに機敏に対応していくことが求められています。知識や経験だけでは変化に対応できないこともあり、自分で考える力、新しい方法を工夫する力を自ら養っていくことが必要です。

　そのため、日ごろから自己の能力開発の課題を明確にし、その課題解決に積極的に取り組むことが大切です。

❸ 最小のコストで最大の成果をねらう（コスト意識）

　人を雇えば人件費、設備を買えば設備費、原料を買えば材料費と、すべてに費用（コスト）がかかります。これらは、必要な経費であると同時に、利益を圧迫します。

　多くの売上があっても、それを上回る費用がかかったのでは会社は成り立ちません。仕事ではすべての活動にコストがかかっていることを意識し、コストに見合った価値を生み出さないムダな仕事（贅肉（ぜいにく））を減らし、筋肉質な会社をつくっていくことを心がけましょう。

●自分の仕事を点検する●

　仕事をできるだけ効率よく、また、品質的にも高く仕上げるためには、つぎのような観点から点検していくことも大切です。
① 　正しく… 転記違い、操作ミス、計算違い、手配もれ、事実誤認などを防ぐ。
② 　早く…… 準備をする、停滞をなくす、前もってできることを実施しておく、スケジュールを立てる、優先順位をつける、自分の手に負えない仕事を抱えこまない、身辺を整理・整頓（せいとん）しておく。
③ 　安く…… 紙を大切にする、電話は要領よくかける、備品の買い過ぎや持ち過ぎをしない、資料をつくり過ぎない、コピーはまとめて行う、むやみに外注しない。
④ 　楽に…… マニュアルや手引きを作成する、作業手順を簡略にする、道具を有効利用する、帳票類・文書類をパターン化する、数字のグラフ化・チャート化を行う。

▶会社は従業員を雇い、育成するための投資として、また、会社に貢献した対価として、給料を支払っています。支払われる自分自身にもコストがかかっていることを意識しましょう。

▶売上と費用の関係は、２級テキスト第２編第５章第２節を参照してください。

▶手当たり次第にコストを抑えようとして、肝心な仕事にマイナスの影響が出ることがあってはなりません。絶えず仕事の目的を念頭に置き、ムダであるかないか、どこを効率化できるかなどを考えるようにしましょう。

・イニシャルコスト：事業などで最初にかかる費用、初期費用、初期投資のことです。

・ランニングコスト：商品や原材料の仕入れ、人件費等の支払いに充てられる運営資金のことです。

▶アウトソーシング
自社に不足する技術の積極的活用やコスト削減のための特定業務の外部委託をいいます。総務、人事、技術、情報システム管理など多分野で利用されています。

1 コミュニケーションの基本

❶ コミュニケーションが仕事の第一歩

　学生時代の人間関係は、あまり上下関係がなく、気の合う仲間とつき合うだけですんでしまうこともあります。しかし、社会人になると、気が合わないと感じる相手とのコミュニケーションも避けることはできません。こちらの意思を相手に理解してもらい、相手の言うことがわかってから仕事の第一歩が始まるといえます。職場では、仲よしになるためのコミュニケーションではなく、仕事を円滑にするためのコミュニケーションが求められるのです。

　社会人になると、社内では上司、先輩、同僚など、社外ではお客さま、取引先など、コミュニケーションの相手が多様になります。年齢、立場、価値観などの違う人と仕事を進めていくのですから、当然、それぞれの違いを認識する必要があります。これまでの友人関係の延長ではなく、お互いを尊重した仕事のうえでの役割関係が職場の人間関係の基本になります。

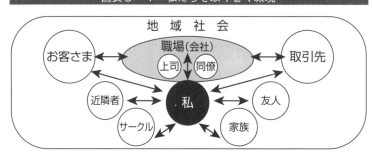

図表3－1　私たちを取り巻く環境

　「言われたらやる」などの受け身ではなく、こちらから質問をしてみる、自分なりの考えを話してみるなど、積極的にコミュニケーションをはかりましょう。それによって、業務効率が上がり、

▶テレワークのコミュニケーション
テレワークでは、お互いの様子が見えず、コミュニケーションが途絶えがちになります。オンライン会議、電子メール、チャット、電子掲示板、予定表などのツールの使い方を理解して、こまめに連絡・報告し、予定はすべて予定表に入れるなど、自分の状況が他のメンバーに伝わるように心がけましょう。

▶オンライン化
従来は対面で行ってきた活動を、ICTによりネットワークを介して遠隔で行うことです。オンラインによる授業やセミナー、就職活動、診療などの導入が進んでいます。

ミスやトラブルを回避することができます。また、お客さまとの関係も良好になり、売上の増加につながっていきます。

❷ チームワークのためのコミュニケーション

　職場では、目標を達成するために人が配置されます。そこで、何よりも求められるのは、チーム全員の**協力態勢**です。部門の目標を達成することは、部門を構成する全員の責任ですから、自分に任された仕事だけをしていればよいという態度は許されません。

　職場の目標を達成するためには、それぞれの役割を認識してお互いに協力し合うことが不可欠です。そのためには、メンバー相互のコミュニケーションが良好に保たれていることが大切になります。一人ひとりがどれだけ優秀でも、自分のことばかり主張していると仕事はまとまりませんし、個人的に好き・嫌いといった感情にこだわっていては、協力し合うことはできません。

❸ 良好なコミュニケーションのためには

　職場のチームワークを高め、協調性を養うためには、普段からコミュニケーションを深めておくことが欠かせません。コミュニケーションを深めるには、日ごろからつぎのようなことに気をつけておく必要があります。

---

① あいさつはこちらから明るくする。
② 明るく「はい」と返事をする。
③ 朝礼やミーティング、会議では、メンバーの話をよく聞き、積極的に発言する。
④ チーム内でこまめに連絡し、連絡もれによるミスを防ぐ。
⑤ 連絡や報告をするときは、すべて電子メール（Eメール）で伝えようとせずに、直接会ったり、電話を使ったりと、状況に合わせて効果的な意思伝達の手段を考えて行動する。
⑥ 時間・約束や職場内のルールを守り、職場での信頼を得る。
⑦ 仕事を離れたところでの人間関係も、おろそかにしない。

第 1 編

3

▶あいさつと返事は、第3章第5節で詳しく解説します。

▶会議は、情報を交換するための簡単な打ち合わせから、会社にとって重要な決定をするものまで、さまざまなものがあります。会議には、仕事を円滑に進めたり、能率を上げたり、問題を解決したりといったねらいがあります。会議については、2級テキスト第1編第6章を参考にしてください。

▶「コミュニケーションはまず自分から」と考え、積極的に、オープンな気持ちで人と接するよう心がけましょう。なお、連絡と報告は、第4章第2節・第3節で詳しく解説します。

2 円滑なコミュニケーションのために

❶ 相手に敬意をはらう

　会社に入ってまずとまどうのが、上司や先輩との人間関係です。上司や先輩に対しては、年齢や男女の別なく、その職場においての立場を理解し、敬意をはらうことを忘れないようにします。

　また、上司や先輩の指示は、進んで受けましょう。指示は、その部門の目標達成のためにも必要なものですから、まず上司や先輩の指示に従います。

▶指示の意味や実際に行うべきことがわからないときは、仕事の目的を確認するためにも、わかるまで質問することも大切です。

❷ 素直に教わり、耳を傾ける（仕事の教わり方）

　新入社員にとっては、仕事の手順や取引先との関係など、わからないことばかりですが、それは当然のことです。よく知らないのに知っているふりをすると、あとでミスをすることになりかねません。上司や先輩に素直に教わろうとする姿勢が大切です。

　また、仕事のうえでミスをした場合には、まず隠さず報告します。上司や先輩は注意や叱責（しっせき）をすることがありますが、これは二度と同じ失敗を繰り返させないための教育と考えましょう。注意や叱責を受けるときは、無理に正当化したり弁解したりせず、素直に耳を傾けるようにします。

❸ 肯定的なものの考え方をする

　職場には、経歴や経験の異なるさまざまな人がいますが、どのような人ともうまく折り合っていかなければならないのが社会人

です。

　また、公私のけじめがついていない人、わがままな言動をする人、他人の陰口を言う人に対しては、職場のルールやマナーに反していることを注意することが必要です。しかしここで大切なのは、個人を非難することではなく、自分自身の反省材料として生かすことです。

　つねに、肯定的なものの考え方をすることが、良好な人間関係をつくる基本といえます。図表3－2を使って、自分のコミュニケーションの傾向を確認してみましょう。

▶注意と非難
注意とは、気をつけるように「忠告すること」であり、非難とは、欠点やミスを取り上げて「責めること」です。

第 1 編

3

図表3－2　コミュニケーション診断チェックリスト

	項目	は い	い い え	ど ち ら と も い え な い
1	職場の人には、こちらから元気よくあいさつしていますか。			
2	職場の雰囲気を明るいものにしようと努力していますか。			
3	信頼できる上司や先輩がいますか。			
4	自分は上司や先輩から信頼されていると思いますか。			
5	元気のない人がいたら、声をかけたりして励ましていますか。			
6	仕事上や個人的なことを相談できる先輩や上司がいますか。			
7	人の相談に乗る際、相手の言葉を全部聞いていますか。			
8	自分が不愉快なときでも、職場で個人的な感情を出さないように心がけていますか。			
9	自分が周囲からどう見られているか、遠慮なく聞ける職場の友人はいますか。			
10	苦手な人とも協力して仕事を進めていく自信がありますか。			
11	上司からむずかしい仕事を指示され自分の力ではできないと思ったとき、すぐに上司と相談して、前向きに考えますか。			
12	仕事が長引きそうなとき、上司に相談をしていますか。			
13	自分の仕事が他の人の仕事とどうかかわっているかを理解して、仕事を進めていますか。			
14	自分の意見が正しいと思っても、人の意見を受け入れる余裕をもっていますか。			
15	周囲の人はあなたの意見を聞いてくれますか。			
16	忙しそうにしている人の手助けを進んでしていますか。			
17	あなたが忙しいときに、助けてくれる人はいますか。			
18	忙しい最中に用事を頼まれても、気持ちよく返事をしてその用事をこなしていますか。			
19	やむを得ず自分だけが早く帰るときには、「お先に失礼します」とあいさつしていますか。			
20	人の好き嫌いがあっても、区別なく対応していますか。			

⇒「はい」が　17個以上　………　コミュニケーションが良好といえます。
　　　　　　　12～16個　……　あと一歩の努力が必要です。
　　　　　　　0～11個　………　つねにコミュニケーションを心がけて仕事にあたりましょう。

3　コミュニケーションを支える ビジネスマナー

❶ マナーはコミュニケーションの潤滑油

　仕事では、コミュニケーションを通して、相手の意思を理解しようとすることが重要です。そして、心で思ったことを行動として相手に伝えるために必要になるのがビジネスマナーです。

　また、社会人として、年齢、立場、価値観などの違うさまざまな人と上手にコミュニケーションをはかっていくためには、ビジネスマナーを身につけることが基礎となるといえます。たとえば、お客さまに友人に対するような話し方をした場合、親しみがもてると受け止める人もいるかもしれませんが、一般的には、違和感をもたれると考えておいたほうがいいでしょう。

　相手との意思の疎通は、お互いにマナーを守ることで構築されます。そしてマナーは、相手の立場に立った心がともなうことで価値をもちます。心のこもったマナーでコミュニケーションをはかりましょう。

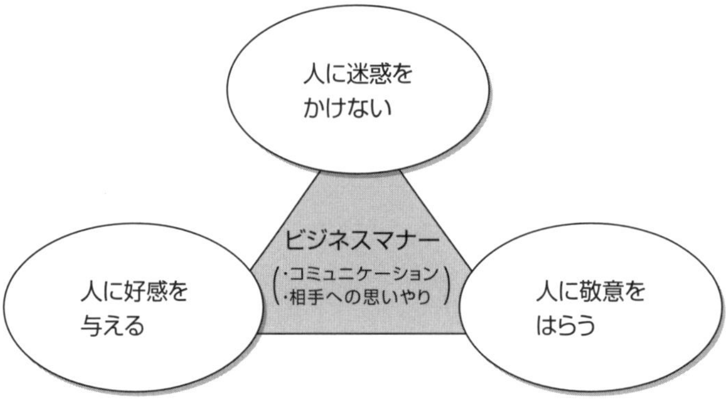

▶ビジネスマナー
business と manner からつくられた和製英語で、仕事上のマナー（礼儀作法）を意味します。

図表3−3　ビジネスマナーの基本

```
        人に迷惑を
        かけない

    ビジネスマナー
    ・コミュニケーション
    ・相手への思いやり

人に好感を        人に敬意を
与える          はらう
```

▶業界によって求められるビジネスマナーは違います。たとえば、若い女性向けの美容・アパレル業界では、親しみのあることばづかいで接客を行うこともあります。業界特性や会社の方針を理解して、場にふさわしいビジネスマナーを身につけましょう。

しかし、自分の言動について、必要以上に緊張することはありません。図表3－3の3つの基本を忘れなければ、ビジネスマナーはだんだん身についてくるものです。

❷ 「思いやり」の気持ちを忘れずに

ビジネスマナーは、お客さまや取引先はもちろんのこと、上司や同僚などに安心感・信頼感を与えます。あいさつ、話し方、電話応対、顧客応対、ビジネス文書作成など、すべてにビジネスマナーが必要といえます。

ビジネスマナーは大切ですが、形だけが先行して心がともなわないと、かえって相手を不快にさせてしまうおそれがあり、本当の意味での意思の疎通にはつながりません。仕事を進めるためのコミュニケーションで大切なことは、**形に心がともなっていること**であり、相手に敬意を払い、「思いやり」(「おもてなし」「気くばり」)の心をもち、相手の立場に立って考えて行動することです。

❸ 人と人とのつながりを大切に

仕事をしていくうえで重要な財産として、人のネットワーク（人脈）があります。人脈とは人と人とのつながりのことで、必要に応じて情報を交換し合ったり、人を紹介し合ったりすることのできる関係が望ましいものです。このようなネットワークは、これからの仕事や人生を支える大切なものといえます。

人のネットワークを大事にするということは、特別なことではなく、普段からのコミュニケーションを大事にするということです。たとえば、上司や先輩に仕事を教えてもらったり、わからないことや疑問に思ったことを率直に聞いたり、相談したりすることもその1つです。また、同僚と励まし合い、協力することも、ネットワークを築くことになります。

▶仮に、笑顔で正しいことばづかいで対応していても、お客さまの問題が解決しなければ満足にはつながりません。

▶相手への思いやりやおもてなしの心は、ホスピタリティマインドといわれています。一人ひとり、相手に合ったホスピタリティマインドを発揮することが重要です。

4　社会人としての身だしなみ

❶　身だしなみの基本

　初対面の人に会ったとき、私たちは何を基準にその人を判断しているでしょうか。名刺にある役職名などの情報も手がかりになりますが、実は、服装や身だしなみといった外見からの第一印象で判断していることが多いのです。

　仕事の場では、毎日いろいろな人に接します。そのときに与える印象は、私たち個人のイメージにとどまらず、私たちの属している会社のイメージにつながります。

　職場での服装や身だしなみの基本は、つぎの3点です。

①　清潔で、相手に不快感を与えないこと 　仕事で接する人たちから信頼を得、お互いに気持ちよく仕事をするための配慮である。 ②　調和がとれていること 　「おしゃれ」ではなく、職業や職場の雰囲気にふさわしい「身だしなみ」を心がける。 ③　機能的で、働きやすいこと 　見た目がすっきりしていることはもちろん、仕事の妨げにならないシンプルさを第一に考える。

❷　職場や業務にふさわしい服装

　服装や身だしなみに対する配慮は、仕事に欠くことのできない心得といえます。自分を客観的に点検する習慣をつけましょう。次ページのイラストを参考にしてください。

　一般的には、仕事の場ではスーツが基本です。しかし、比較的

▶地球温暖化対策のため、政府が提唱している過度な冷暖房に頼らずさまざまな工夫をして快適に過ごすライフスタイルを、「クールビズ」「ウォームビズ」といいます。官公庁をはじめ民間の会社でも推進されています。
・クールビズ：ノーネクタイ、ビジネスポロシャツの着用など
・ウォームビズ：スリーピーススーツ、内側にベストの着用など

自由な雰囲気の職場であれば、若者らしい個性やセンスで、自分を表現することが求められたりもします。

また、製造現場や飲食店のように、作業服や制服が指定されている場合もあります。就業中の安全や衛生を守るためにも、きちんとした衣服を身に着けることが基本です。

そして、どのような服装であっても、手入れを怠らず、きちんと着こなしましょう。

●オフィスでの身だしなみ

- 髪はきれいに整える
- ワイシャツは白を基本とし、レギュラーカラーのもの
- 髪は機能的にまとめる
- 化粧は薄めにアクセサリーは少なめに
- ネクタイはスーツとのバランスを考えたもの
- ブラウスはスーツに合わせたもの
- スーツはダーク系のビジネススーツ
- スーツや上着は、はでなデザインのものは避ける
- 袖口の汚れをチェックする
- バッグは黒・茶・紺などで、A4サイズの書類が入るものが便利
- A4サイズの書類が入るバッグが便利
- 極端に短いスカートは避ける※
- スラックスはプレスし、折り目をつけておく
- 靴はベーシックなタイプのパンプスやローファーなど
- 靴は黒・茶のもの（必ずみがいておく）靴下は黒、またはスーツと同系色の無地など

▶テレワークの身だしなみ

テレワークでは、多くの場合、服装が会社で定められておらず、各自に任されています。自宅であるため、比較的ラフな服装でも仕事がはかどれば問題ありません。しかし、オンライン会議などで相手に服装が見える場合には、身だしなみの基本である「清潔で、相手に不快感を与えないこと」を意識して、相手に合わせて適切な服装を選びます。いつ、オンライン会議があってもあわてない程度の身だしなみを心がけましょう。なお、自宅でも仕事とプライベートで服装を変えると、メリハリがついて仕事により集中しやすくなるという効果もあります。

※女性のパンツスーツも認められています。

5　感じのよいあいさつ

❶ あいさつと返事は、明るく、進んで、はっきりと

　職場での１日は、出社時のあいさつから始まり、退社時のあいさつで終わります。気持ちよく仕事をするためにも、出社時の「おはようございます」は、元気のよい明るい声で言いましょう。

　返事もあいさつと同様に、大切なコミュニケーションの第一歩です。名前を呼ばれたら、明るくはっきり「はい」と答えます。

　職場で交わされるあいさつには、つぎのように、さまざまなものがあります。

▶一般的に、あいさつは、目下の人から先にするものとされています。しかし、自分から先に声をかけるという心がけが大切です。

①	外出するとき…	「○○へ行ってまいります」→相手「行ってらっしゃい」
②	戻ったとき……	「ただ今戻りました」→相手「お帰りなさい」
③	退社するとき…	「お先に失礼します」→相手「お疲れさまでした」
④	依頼するとき…	「恐れ入りますが、○○をしていただけませんでしょうか」
⑤	承諾するとき…	「はい、かしこまりました」「承知しました」
⑥	お礼を言うとき…	「ありがとうございました」「恐れ入ります」
⑦	おわびするとき…	「申しわけございません」「お手数をおかけしました」

　このような日常の基本的なあいさつと返事ができて、はじめて一人前の社会人といえます。あいさつや返事により、職場の人との円滑なコミュニケーションをはかることができるのです。あいさつや返事によってその日の気分が明るくなったり暗くなったりすることもあり、仕事の能率に影響してくることさえあります。

　元気のない返事や気持ちの入っていないあいさつは、相手を不愉快にさせ、与える印象も悪くなります。とくにお客さまに対応

するときには、自分が会社のイメージを代表しているということを忘れないようにしましょう。始めのあいさつがきちんとできていないと、お客さまは、あなただけではなく会社全体について悪い印象をもちかねません。

❷ 職場でのことばづかい

普段は何気なくつかっていることばでも、つぎのように、職場では気をつけるべきものがあります。

---

① 「ご苦労さまです」

「ご苦労さま」は、上司や目上の人が、指示を実行した部下や目下の人に対してかけるねぎらいのことばである。このため、先輩や上司、お客さまには失礼とされる。「ご苦労さま」ではなく、「お疲れさまです」と言うとよい。

② 「すみません」

人に何かを依頼するときも、失礼をおわびするときも、失敗を謝るときもつかえる便利なことばのため、「すみません」と言うことが多い。しかし、「申しわけございません」「失礼いたしました」「ありがとうございます」など、それぞれの場面に応じたことばを選ぶ必要がある。

③ 「どうも」

「どうも」だけでは、そのあとに「失礼いたしました」と続くのか、「ありがとうございました」と続くのかわからない。「どうもありがとうございました」などと、必ず最後まできちんと言い切る。

また、上司・同僚・お客さまなど相手によって表現を変えていく必要もあります。図表3−4を参考にしてください。

図表3−4 「お願いします」のつかい分け

上司
「お願いいたします」

同僚
「お願いします」

私

「お願いできますでしょうか」

お客さま

▶相手に応じた表現については、第5章第2節も参照してください。

6　おじぎの基本

❶ あいさつの基本となるおじぎ

　おじぎをする対象として、最初に思いつくべきはお客さまです。会社のすべての仕事は、お客さまを満足させることにつながっています。お客さまに支持していただくためには、お客さまに対する気くばりを欠かさないことが大切です。ビジネスマナーに自信がなくても、まずはお客さまと接してみようと積極的にかかわっていくことで、応対の仕方も身についてきます。

　応対の第一歩はあいさつです。あいさつに際しては、ことばとおじぎの２つが重要です。ことばを引き立たせるようなおじぎがともなってこそ、あいさつのことばが生きるというものです。したがって、相手への敬意をこめて行うことに意味があります。おじぎをするときの基本は、 図表３－５のとおりです。

図表３－５　おじぎの仕方

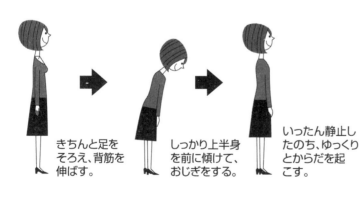

きちんと足をそろえ、背筋を伸ばす。

しっかり上半身を前に傾けて、おじぎをする。

いったん静止したのち、ゆっくりとからだを起こす。

▶**お辞儀の意味**
辞（ことば）＋ 儀（かたち）ということから、基本的にはことばとともに行うものです。

▶**おじぎは心をこめて行うことが大切です。**視線が定まっていなかったり、せかせかした様子であったりしては失礼です。一つひとつの動作をしっかり区切りをつけて行いましょう。

▶**おじぎの基本**
・ 立ってきちんと足をそろえ、背筋を伸ばします。この姿勢から、すみやかに上半身を前に傾けます。
・ 手は、男性は太ももの横（体側）につけたまま、女性は両手をからだの前で軽く重ねるのが丁寧なあいさつです。
・ 上半身を傾けておじぎをしたら、いったん静止します。
・ からだはややゆっくりと起こします。

❷ 3種類のおじぎ

　おじぎは、形のうえから会釈、普通礼（敬礼）、丁寧礼（最敬礼）に区別され、相手との関係や、あいさつの目的などにより使い分けることになります。会釈、普通礼、丁寧礼の仕方は、図表3－6のとおりです。

図表3－6　立礼のおじぎ

	会釈	普通礼	丁寧礼
姿勢	上半身を15°くらいに傾け、目線は3〜4m先を見る。	上半身を30°くらいに傾け、目線は2〜3m先を見る。	上半身を45°くらいに傾け、目線は1〜2m先を見る。
使う場面	要件を承るときや、室内の出入りの際など軽いあいさつ	一般的なあいさつ	お礼、おわびなどあらたまったあいさつ
おじぎに添えることば	「かしこまりました」「失礼いたします」	「いらっしゃいませ」「こんにちは」	「ありがとうございました」「申しわけございません」

▶語先後礼
　おじぎはことばとともに行うものですが、実際の動作は基本的にことばが先で動作が後になります。たとえば「おはようございます」と言ってからおじぎをします。

第1編
3

▶おじぎの種類によって示す気持ちの深さが変わることに注意しましょう。

7 仕事中の態度と健康管理

1 職場で気をつけること

どんなに仕事ができても、職場内でのルールを守らなかったりマナーが悪かったりすると、職場に迷惑をかけることになります。

そこで、就業中のマナーや態度について、とくにつぎのような点に気をつけるようにします。

---

① 約束した時間は守る。
② 仕事中の私語は慎む。
③ 離席の際にはまわりの人に断る（行先、用件、戻る時間を伝える）。
④ 呼ばれたら、「はい」と返事をして聞く姿勢を示す。
⑤ 仕事中の人に話しかけるときは「失礼します」と声をかけてから話す。
⑥ 仕事を頼むときは、丁寧にお願いする。相手が仕事を終えたら、感謝のことばを忘れずに伝える。
⑦ 外出するときは、上司の了承を得る。
⑧ 不在中に予想される仕事や用件については、社内にいる人にきちんと引き継ぎをしておく。
⑨ 会社の備品や用具を私用に使わない。
⑩ 軽率なうわさ話をしたり、人の悪口を言ったりしない。

---

2 健康管理は職場生活の基本

健康がそこなわれていては、自分の能力を十分に発揮することができないだけでなく、仕事上で人に迷惑をかけることになります。自分の健康を管理することは、職場生活の基本です。健康管理のポイントは、つぎのとおりです。

▶表情や動作、態度は、ことば以上に相手に与える影響が強いといえます。たとえば、ことばで「いいですよ」と言っていても、相手と目を合わそうとしないのでは、「本当はいやなのだろう」と受け止められてしまいます。その場に応じた表情や動作、態度を適切に表現していくことが大切です。

▶聞く姿勢の例
・立ち上がり、呼ばれた人のほうに顔を向けます。
・メモを用意して、呼ばれた人のところに行きます。

▶会社の備品や用具のコスト意識については、第2章第5節も参照してください。

▶アルコールは、翌日の仕事や自分の健康を考え、適切な量を守ることが社会人の基本です。

①	定期診断で健康のチェックをする。
②	食事は栄養のバランスを考え、規則正しくきちんととる。
③	アルコールやたばこなどの嗜好品は、健康や周囲に配慮する。
④	朝型への時間調整をして、快適な睡眠を確保する。
⑤	日常生活のなかで、取り入れやすい運動をする。
⑥	自分に合ったストレスをためない方法や、ストレスがたまってしまった際の解消方法を見つけておく。

近年、とくに問題になっているのがストレスです。ストレスは、知らずしらずのうちにイライラ感や、不眠、頭痛などとして現れ、仕事や生活に支障をきたすようになります。適度な運動をしたり趣味をもつなど、ストレスへの対策を行いましょう。

「自分は大丈夫」と過信しないで、上司や先輩、必要に応じて医師やカウンセラーなどの専門家に相談することが大切です。

図表3－7のようなストレスチェックシートで、自分の状態をチェックすることも有効です。

図表3－7　ストレスチェックシート

※ YES の場合は、□にチェックを入れましょう。

□ なかなか寝つけない。夜中に目を覚ます。朝早く目が覚め、そのまま眠れない。
□ 人にどう思われているか、気になって仕方がない。
□ 忙しくて仕事に追われているように感じる。いっぱいいっぱいの状態で余裕がない。
□ 家族関係、交友関係、職場での人間関係がうまくいっていない。
□ 以前より怒りっぽくなった。イライラしやすくなった。
□ 趣味が少ない。余暇に費やす時間がない。
□ 仕事が終わっても何となく家に帰りたくない。
□ この1週間、声を出して笑っていない。
□ ボーッとすることが多くなった。ケアレスミスが増えた。
□ 疲れてやる気がでない。達成感がない。
合計　　　　　個

◆5個以上ある場合は、まずは周囲の信頼できる人に相談してみましょう。

◆8個以上ある場合は、医師やカウンセラーに相談してみましょう。

▶一部の飲食店を除き、原則、屋内禁煙となりました。たばこは、定められた基準を満たした喫煙所でしか吸えません。

▶胃の不快感や食欲の不振、何となくだるいなどの倦怠感、憂うつ感、なかなか寝つけない・朝早く目が覚めてしまうなどの睡眠障がい、めまい、頭痛などがあったら、ストレスのサインととらえましょう。

▶ストレスへの対処法
ストレスと上手につき合うには、うまく気持ちの切り替えをすることが大事です。生活のリズムをつかみ、心とからだの休養日を設けたり、誰かに話を聞いてもらうことも効果的です。

▶ストレスチェック
メンタルヘルス不調を未然に防止する仕組みとして、常時働く従業員が50人以上の事業所に、毎年1回のストレスチェックが義務付けられています。
※図表3－7のストレスチェックシートは、法律上のストレスチェックとは関係ありません。

8 出社から退社までと休暇の基本ルール

❶ 職場のルール

　会社には、働くための基本ルールとして「就業規則」があります。労働時間や休憩時間、休暇・休日などについては就業規則にて定められています。会社の基本ルール（服務規定）に従い、仕事にのぞむ必要があります。

❷ 出社・退社のルール

　大勢の人たちといっしょに働くためには、自分だけが勝手な行動をとることは許されません。職場の一員として、周囲の人たちに迷惑のかからない行動をとるよう心がけることが大切です。

　まずは、出社したら、明るく進んであいさつをしましょう。

　また、始業時間までに仕事に取りかかれる状態になっていることが基本です。ぎりぎりの時間に職場に飛びこむのではなく、余裕をもって家を出ます。

　終業時間には、切りのよいところで仕事を終わって後片づけをします。仕事が途中のときには、上司に報告し、指示を受けます。

　最後に、上司やまわりの人にあいさつをして帰ります。

❸ 遅刻・早退のルール

　遅刻・早退の予定があるときは、事前に上司の許可を得て、書式にもとづいた届を出しておきます。それにともない、不在中に発生する業務で重要なものは、早めにすませる、あるいは上司や

▶仕事に取りかかれる状態
　制服がある場合は着替えがすんでいる、パソコンを使う業務の場合は電源が入っているなど、すぐに仕事が始められる状態になっていることです。

▶フレックスタイム制
　労働者自身が一定の時間帯の中で始業・終業の時刻を決定することができる制度です。1日のうち、必ず勤務しなければならない時間（コアタイム）と、退出が自由な時間帯（フレキシブルタイム）に分けて運用されるのが一般的です。

同僚に前もって伝え、代行を依頼しておくなどしておきましょう。

また、急な遅刻の際は、職場に電話を入れ、理由、現在地、会社に到着できそうなだいたいの時刻なども伝えます。

❹ 残業・休日出勤のルール

残業や休日出勤は、上司の指示や了解のもとに行います。仕事が時間内に終わらないからと、残業や休日出勤をすればよいと勝手に考えるのではなく、できるだけ手ぎわよく終えるように工夫しましょう。どうしても必要な残業や休日出勤については、職場の状況を考えて積極的に引き受けましょう。残業や休日出勤のときは、通常以上に手ぎわよく仕事を終わらせるようにします。

❺ 休憩時間のルール

休憩時間は、仕事から解放されてひと息入れ、食事をしたり、お茶を飲んだりして頭とからだを休め、以後の仕事に備えるのが目的です。プライベートタイムとして勝手なことをしてよいというわけではなく、会社が定めるルールのもとにあることを忘れてはなりません。

❻ 休暇のルール

会社の休暇にはさまざまなものがありますが、なかでも有給休暇を取るときは、周囲の迷惑にならないよう十分に配慮しましょう。とくに大型連休や盆休みなどは、部門内で調整をとり、全員が気持ちよく休めるように配慮します。また、会社が忙しい時期には、できるだけ休暇を取るのを避けるようにします。

休暇中の仕事については、あらかじめ周囲の人に状況を伝えておき、頼まなければならないことなどは、休暇前に必ずきちんと依頼しておきましょう。

▶ テレワークでも、原則として、労働時間の管理を行います。仕事の始めと終わりには定められた方法で出退勤の打刻（記録）を行い、休憩も会社のルールに従って取ります。他の人が見ていなくても勤務時間を意識し、自己管理に努め、時間内に仕事を終わらせましょう。

▶ 残業や休日出勤は、会社にとっては、そのぶん、人件費や光熱費などが上がるという負担（コスト増）になることに注意しましょう。

▶ 休暇の例
・ 有給休暇：正式には年次有給休暇で、労働基準法に定めがあります。
・ 育児休暇：子どもの養育のための休暇で、育児・介護休業法では「育児休業」の定めがあります。
・ 介護休暇：介護のための休暇で、育児・介護休業法では「介護休業」の定めがあります。
・ 慶弔休暇：会社の定めによる、冠婚葬祭のための休暇です。

第 1 編

3

1 指示を受けるポイント

❶ 仕事の基本

　職場では、上司の指示によって業務を進め、上司への報告で業務を終えるのが基本です。つねに上司の意向に沿って効率的に仕事を進めることが必要です。

　仕事の途中では、必要に応じて同僚や部門間で情報のやりとりを行います。また、部門内の定期的な打ち合わせ（ミーティング）は、指示、報告、連絡・相談の場としての役割をもっています。仕事の内容ややり方に関して疑問が生じたら、上司や先輩に相談します。こうした連絡や相談は、仕事を円滑に進めるために重要です。

図表4－1　指示、報告、連絡・相談の関係

❷ 指示を受けるときのポイント

　仕事の指示を受けるときは、仕事の手を止め、上司の指示に集中します。指示を漫然と聞き、仕事をしながら耳だけを向けるようなことがあってはいけません。

　この**仕事の目的は何である**かを考えながら、正確に指示を受けましょう。上司に質問をして、あらためて指示を受けるなど、臨機応変な対応も必要です。

▶組織の上層部が計画、目標、方針などを一元的に決定し、下層部に伝達・指示する管理方式をトップダウンといいます。一方、下層部からの意見を取り上げ、現場の業務と役割を重視しながら全体をまとめる管理方式をボトムアップといいます。

指示の受け方の基本姿勢は、つぎのとおりです。

---

① 「何を」「いつまでに」など５Ｗ２Ｈをふまえ、要点をメモしながら聞く。
② 社名、人名、品名、数字、指示の結論など、重要な部分を聞きもらさないように集中して聞く。
③ 指示内容の目的や理由を考えながら聞く。
④ 指示の途中で話をさえぎらない。質問があるときは、話の区切りのよいところで、質問をする。
⑤ 指示が重なったときは、「何から先に取りかかるか」などの優先順位の確認をとる。
⑥ 「はい、すぐに見積書の作成に取りかかります」などと、指示内容を繰り返して、確認をする。

上司から、自分にはむずかしいと思うような仕事の指示を受けた場合でも、積極的に取り組みましょう。なぜなら、そのような指示には、あなたがその仕事をこなして、より成長することへの上司の期待がこめられているからです。

③ グループウエア・電子メール（Ｅメール）の利用

指示や報告、連絡・相談の手段として、グループウエアや電子メールを使うこともあります。とくに指示をグループの全員に伝える場合や、日報や報告書などの提出に利用されています。グループウエアは、コミュニケーションや情報共有などの機能があり、効率的に作業を進めるツールとして有効です。

電子メールを使用する場合は、送信した相手がその電子メールを読んだかはわからないため、電子メールで指示を受けたときは、読んだ時点で、指示が自分に伝わった旨の電子メールを必ず返信するようにしましょう。

また、電子メールを間違ったアドレスに送信してしまう誤送信といったミスは、大きなトラブルにつながるため、送信内容や相手のアドレスを十分に確認してから送る必要があります。

▶5W2H
・When（いつ）：日時、時間はいつか
・Who（誰に）：誰から誰にあてたものか
・Where（どこで）：どこで行われる（行われた）のか
・What（何を）：何の目的か、何を伝えたいのか
・Why（なぜ）：どんな理由か
・How（どのように）：どんな方法（手段）で行われるのか
・How much（いくらで）またはHow many（いくつ）：どのくらいの費用がかかるのか、いくついるのか

第１編

4

▶グループウエアについては、第２編第１章第４節で、電子メールの活用については、第２編第１章第６節で詳しく説明します。

▶メールサーバーの機能には、送信した相手が電子メールを開いたかどうかを確認できるものもあります。自分の会社でも使用できるか確認しておくとよいでしょう。

2　報告・連絡の仕方

❶ 報告と連絡の基本

　一般的に、上司などに対して行うのが報告であり、部門間や同僚間など横の関係で行われるのが連絡です。仕事の進行を確認し合い、つぎの指示をあおぐためにも、報告や連絡は欠かせません。

　「たいしたことではない」「忙しそうだからわずらわせてはいけない」などと考えて報告や連絡を省略すると、大きなミスやトラブルを引き起こすこともあります。とくに進行中に疑問点にぶつかったり、思わぬトラブルが生じたときには、早めに対策を打つためにも、迅速な報告や連絡が必要です。

▶悪い報告ほど早く行うことが大切です。

❷ 報告と連絡のポイント

　報告と連絡のポイントは、つぎのとおりです。

---

① 報告は指示を出した人に行う。
② 報告は聞かれる前に、仕事が終わったら直ちに行う。
③ 長期間の仕事は、途中経過を報告する。
④ 報告や連絡は相手の状況に配慮して行う。
⑤ 業務に関係のあることは、ささいなことでも自己判断せずに伝える。
⑥ 伝言するときは、内容にもれはないか、本人に確実に伝わったかを確認する。

　仕事は、報告をしてはじめて完了したことになります。指示された仕事をやり終えたときには、その指示を出した上司に結果を報告します。

　ただし、一般的に上司は忙しいことが多いですから、あらかじ

▶途中経過の報告
　仕事の進行状況、今後の見通し、今後仕事を進めるうえでの問題点などを報告します。

め「○○の件をご報告したいのですが、お時間をとっていただけ
ませんでしょうか」と申し入れます。できれば報告に必要な時間
も告げておくと、上司も時間をとりやすくなります。

❸ 口頭または文書による報告

　報告を行うときは、まず、口頭ですべきか文書ですべきかの判
断をします。

　口頭で報告をするときは、5W2Hを記したメモを見ながら行
うと抜けがなくなります。さらに、つぎの点に気をつけます。

> ① 結論を先に述べ、そのあとで理由や経過を述べる。
> ② 事実について客観的に述べる。事実と自分の感想・意見・
> 　 印象・推測などとを区別する。
> ③ 報告事項は分類・整理しておく。
> ④ 報告事項のなかに、苦労話やうまくいかなかったことへの
> 　 言いわけなどを交えない。
> ⑤ 複数の事項について報告するときは、重要度（影響度や緊
> 　 急度）の高いものから伝える。

❹ 電子メール（E メール）での報告

　外出や出張、会議などで上司に直接報告をすることがむずかし
いときは、電子メールで報告します。

　同じ内容を報告したほうがよい人がほかにもいる場合には、
「CC」または「BCC」を適宜使い分け、活用します。たとえば、
課長からの指示に電子メールで報告する場合、同じ仕事を担当し
ている同僚に CC で送信しておけば、内容を共有することができ、
仕事の効率を上げることができます。

　また、BCC で指定する送信先のメールアドレスは、他の送信先
には表示されません。それぞれの送信先のメールアドレスがわか
らないようにする必要がある場合などには、BCC で送信します。

▶5W2Hについては、
第 4 章第 1 節を参照
してください。

▶**報告の例**
・結論：「A 社からの
受注数は、商品 a
は 500、商品 b は
1,000 という結果と
なりました」
・理由：「前月の売上
減の理由は、B 社が
同商品の割引キャン
ペーンを行ったため
です」

▶メールアドレスなど
の個人情報は、取り
扱いに十分注意する
必要があります。個
人情報の保護につい
ては、2 級テキスト
第 2 編第 6 章第 2 節
を参照してください。

3 連絡・相談の仕方と忠告の受け方

❶ 社内の連絡と社外からの連絡

　担当者間の連絡には、部門同士、不在者や欠勤者への連絡などがあります。口頭や社内電話、電子メール（Ｅメール）などの方法がありますが、確実に伝わるようにメモを活用します。そして、伝わったかどうかをあとで本人に必ず確認します。メモは、５Ｗ２Ｈの原則に従い、自分の部署や氏名を明記し、責任の所在をはっきりさせておきます。社外で予定した仕事が終わった場合は、現在の状況、今後の予定、帰社予定時刻を伝え、自分への連絡事項の有無を確認し、帰社後、あらためて連絡（報告）を行います。

❷ 不測の事態が起きたときの対応

　不測の事態が起きたときは、状況に応じた対応をとります。

①同じ上司からの指示が重複したとき

　上司にあらためて優先度や優先順位を確認します。

②直属の上司よりも上位者から直接指示を受けたとき

　原則として、上位者の指示を優先します。ただし、必ず直属の上司に事情を説明し、了承を得ておきましょう。

③仕事が予定どおりに終わらないとき

　原因（能力・時間の不足など）や可能性（○○があればできる、○○までならできるなど）を合わせて状況を報告し、再度指示をあおぎます。

④仕事の途中でやり方に疑問が生じたとき

　まずは現在の方法で進め、上司に疑問点について相談したり、

▶仕事の期限を守ることは「納期意識」につながります。納期意識については第2章第3節を参照してください。

別の方法を提案したりします。

⑤緊急事態が発生したとき

すぐに対応すべきことがあればまず行い、その後、すみやかに上司や担当の部署（人）に報告します。

③ 相談の仕方

自分一人で解決できない問題にぶつかったときは、抱えこまずに経験豊かな上司や先輩に相談することが大切です。アドバイスをもらうことで仕事が効率よく進められるうえに、「気づき」が得られ、自分の成長にも役立ちます。相談する際のポイントは、つぎのとおりです。

① 相談事項はあらかじめ整理し、自分の考えをまとめておく。
② 相談する相手の都合を聞いてから相談する。
③ 「結論」を相手に求めるのではなく、「ヒント」をもらうつもりで相談する。
④ 問題が解決したときには、相談した相手に結果を報告する。

個人的なこと、感情が含まれる場合は、原則として、電子メールでの相談は控えましょう。相談は基本的に電子メールで行うものではなく、とくに複雑な内容の相談の場合は避けるべきです。

④ 忠告の受け方

先輩や上司からの忠告は、あなたを「もっと伸ばそう」「こうしたらもっと成長できる」という気持ちから出ているのです。先輩や上司からのことばに対し、言いわけをしたり、人のせいにしないで、むしろ前向きに「期待に応えてもっとがんばろう」と素直な気持ちで聞くことが大切です。

忠告を受けたときは、最後に「ありがとうございました。今後気をつけます」と伝え、感謝の気持ちを表しましょう。

第 1 編

4

1 ビジネスに ふさわしい話し方

❶ 学生ことばを卒業する

　ビジネスでは、お互いの意思が通じなければ仕事にならず、成果も期待できません。このため、つかうことばが大切です。職場では、年齢も価値観も違う人がいっしょに働いています。それまでの日常生活ではとくに問題にならなかったことばづかいでも、職場では違和感や抵抗感をもたれてしまうことがあります。

❷ 相手にとってわかりやすい話し方

　こちらの話す内容を、聞き手にきちんと伝えるためには、明るく肯定的な印象を残す話し方をすることが大切です。そのためには、相手にとって聞きやすい声、相手に応じたことばづかいなどを考えていく必要があります。声の大きさも、話す場所や相手の人数に合わせて考えるといいでしょう。

　正しく意思を伝えるためには、ことばだけでなく声も大切な要素です。たとえば、上司に仕事を指示されて「承知いたしました」と言うとき、小さな声やあまりにも低い声では、「本当にできるのか」と上司が不安になります。力強くはっきりと言えば「任せてください」という気持ちが伝わり、上司は安心することができます。

　また、一方的に立て続けに話したり、会話が衝突したりしては、意思がうまく通じ合いません。相手の反応を見ながら、適切な「間」を入れて話すことも必要です。

　声の大きさ、早さ、高さ、メリハリ、イントネーションなど、

▶学生ことば
「チョー」「ヤバイ」など、正しい用法ではないことばや、「それでぇー」「まーす」など語尾を伸ばした話し方をいいます。就職活動の面接の場などでも無意識につかってしまいがちなことばであるため、注意しましょう。

▶聞きやすい声とは
・やや低めの声
・よく通る声
・張りのある声
・はっきりとした声

状況や伝える内容に合った適切な表現をすることが、自分の意思を正確に伝えるためのポイントです。そのほかはつぎの通りです。

---

① 相手の理解を確認しながら話す。
② 相手の話のテンポに合わせて会話をする。
③ 手短に話す。
④ 具体的な事例などを入れて話す。
⑤ 「あと」「たぶん」などの接続詞や副詞は、無意味に多用しない。
⑥ 事実と意見・感想は区別する。

また、わかりやすさ・わかりにくさは、図表5－1のような点で違いが出ます。

図表5－1 わかりやすい話し方とわかりにくい話し方の例

	わかりやすい話し方	わかりにくい話し方
内容	・聞き手の求める内容になっている。 ・話題が豊富で、具体例が入っている。	・相手のことを考えない一人よがりな内容になっている。 ・話題に乏しく、具体例が入っていない。
まとめ方	・簡潔で要領を得ている。 ・主題が浮き彫りにされて、理解しやすい。 ・話の筋が通っている。	・くど過ぎる。 ・冗談などの枝葉がつき過ぎて、本筋がぼやけてしまう。 ・話の筋がよくわからない。
態度・表情	・礼儀正しい。 ・にこやかで明るい表情である。 ・聞き手の様子を見ながら話している。	・態度や話し方に乱れがある。 ・無表情である。 ・意味もなく笑う。 ・下を向いたり関係ないほうを見る。
ことば	・敬語のつかい方が適切である。 ・ことばづかいが丁寧である。 ・相手によくわかる言葉を選んでつかっている。	・敬語のつかい方に誤りが多い。 ・くだけたことばや略語・流行語をつかう。 ・必要以上に専門用語や外来語をつかう。
話しぶり	・明るくさわやかである。 ・力強く信頼感がある。 ・温かみが感じられる。 ・熱意があふれている。	・陰気な感じがする。 ・甘ったるく信頼感をそがれる。 ・言い方がつっけんどんで冷たい。 ・熱意が感じられない。
声の出し方	・口をしっかり開いて、1音1音がはっきりと聞きとれるように話している。 ・適度な高さと大きさで、聞いていて快く感じられる。	・口の中でもぐもぐと言っているので、よく聞きとれない。 ・キンキンとした声や必要以上に大きな声で、不快感を与える。
速さ	・1分300字くらいで速さが適度である。	・早口である。

2 ビジネスの場にふさわしいことばづかい

❶ 職場でのことばづかい

　上司、先輩、同僚へのことばづかいの注意点は、つぎのとおりです。

●**上司**…敬語をつかい、上司の立場を尊重して話します。

●**先輩**…目上であることへの敬意を示し、丁寧な話し方を心がけます。

●**同僚**…学生ことばなどはつかわず、職場にふさわしいことばを用います。

　職場では、自分自身は「わたくし」と呼び、役職者は「○○部長」「○○課長」と役職名をつけて呼びます。先輩や同僚は「○○さん」と呼びます。

❷ お客さまへのことばづかい

　お客さまに接する際には、とくに丁寧なことばを使います。お客さまに対し、好ましいことばは、図表5−2のとおりです。

図表5−2　お客さま対応の好ましいことばと好ましくないことば

好ましいことばの例	好ましくないことばの例
わたくし　わたし　わたくしども	あたし　うち　ぼく　ぼくたち
ございません	ありません
どちらさま（どなたさま）でしょうか	だれですか
存じません	知りません　わかりません
はい、かしこまりました	よろしいです　いいですよ
いかがで（ございま）しょうか	どうでしょうか
ただ今、席をはずしております	今、席にいません
何か承っておりますでしょうか	何か聞いていますか
こちらからおうかがい（いた）します	こちらから行きます
はい　いいえ	はいはい　へえ　うん　はあ

　また、お客さまとの会話では、つぎの点に注意すれば、感じのよい話し方ができます。

（1）表情・態度を意識する

　礼儀正しく、相手の表情を見ながら、気持ちをこめて話します。話の内容を伝えるには、まず、表情と態度でこちらの**気持ちを伝える**ことが大切です。

　必要以上に敬語をつかったり、慣れない敬語を無理につかってぎこちなくなるよりは、礼儀正しく、誠意ある態度で話すことのほうが大切です。敬語は自然につかいこなせるように慣れていくことが大切です。なお、必要以上の敬語は、かえって失礼になります。

（2）肯定表現をつかう

　つぎの例を見てください。

　　a：「担当者が不在で、詳しいことはお話しできません」
　　b：「私は直接の担当ではありませんが、概略でしたらお話しできます」

　どちらが聞き手にとって印象がよいでしょうか。聞き手に感じよく受け取ってもらい、こちらのやる気や前向きの姿勢を伝えるためにも、bのように肯定的な表現をつかいます。

（3）クッションことばをつかう

　何かを依頼する際には、いきなり用件に入るのではなく、まず「申しわけありませんが」「お忙しいとは存じますが」といったクッションことばを述べてから用件に入ります。依頼を聞くほうも話を聞く準備ができ、快く引き受ける気持ちになりやすいものです。

（4）あとよしことばをつかう

　悪いこととよいことをいっしょに話す場合、あとに話すことのほうが聞き手の頭に残ります。このため、よいことをあとに話したほうが、話の内容だけではなく話し手の印象もよくなります。

第 1 編

5

3　敬語の種類と必要性

❶　敬語は心をこめてつかう

　敬語は、正しい知識を身につけると同時に、実際にさまざまな場面で積極的につかいこなして、慣れていくことが重要です。

　敬語をマスターするには、３つのポイントがあります。

①　敬語の種類やことばづかいを正しく理解する。 ②　自分と相手との関係をすばやく把握する。 ③　相手を敬う気持ちをもって場にのぞむ。

❷　敬語の３つの種類

　敬語を正しくつかうには、まず敬語には３つの種類があることを理解しておきましょう。

尊敬語…話す側が、相手の人や話に出てくる第三者、または、その人の行動や行為などを敬うことば 謙譲語…話す側が、自分自身や話に出てくる第三者の物や動作などをへりくだって表現し、結果として相手を敬うことば 丁寧語…相手に敬意を表してつかう丁寧な表現で、「です」「ます」「ございます」という言い方や、ことばを品よく響かせるため、「お」「ご（御）」などをつけることば

図表５−３　敬語表現のつくり方

a.尊敬語
相手
自分
相手につかうことによって
直接的に敬意を表す。

b.謙譲語　自分につかい、自分を一段下げる（へりくだる）ことにより、相手に対して間接的に敬意を表す。
相手
自分

▶基本的な敬語の知識を理解したら、まずは上司や先輩など社内の人に積極的に敬語をつかってみましょう。多少敬語のつかい方が間違っていても、気持ちがこもっていれば相手を敬う気持ちは伝わります。

❸ 気をつけるべき表現

ビジネスで気をつけたいことばづかいとして、外来語、専門用語、業界用語、略語、流行語、隠語などを多用しないということがあげられます。会話は相手にわかってもらうことが第一ですから、時と場合を考えて、適切な場面で効果的なことばづかいをすることが大切です。まず、誰もがよく理解していることばで話すことが基本です。

そのほか、「えーと」「〜とか」など本人も気がつかないうちに出てしまう口ぐせや、意味のないことばというのがあります。意味のないことばをはさむと、話の内容がわかりにくくなるばかりか、相手に不快感を与えることになります。日ごろから自分の口ぐせに注意し、意識して直す姿勢が必要です。

丁寧な表現にしようと思って、名詞にやたらに「お」や「ご」をつけると、かえって失礼になることがあるため注意しましょう。

「お」「ご」を省いたほうがよいものは、つぎのとおりです。

▶隠語
特定の職業や組織に属する人のみ理解できることばをいいます。

```
・外来語 ……………………………………  ×  おビール  など
・すでに尊敬の意味があるもの …………  ×  ご貴殿  など
・尊敬の意味をもたせる必要のないもの……  ×  おゴミ  など
```

❹ 自分と相手との関係

敬語は、時と場所、相手（TPO）などによってつかい方が変化します。たとえば、つぎのように、外部の人に対しては、上司であっても自分の会社の人には敬語をつかいません。

お客さま：「◯◯課長はいらっしゃいますか」

自分：「◯◯は席をはずしておりますが…」

このように、そのときどきの人間関係をすばやく判断し、ことばづかいに反映させることが重要です。

▶TPO
Time（時間）、Place（場所）、Occasion（場合）の頭文字で、時間・場所・場合に応じて、ことばづかいや服装などを選ぶことをいいます。

第 1 編
5

4 尊敬語と謙譲語の つかい方

❶ 尊敬語への言い換え方

　尊敬語への言い換え方には、つぎの３つがあります。

①ことば自体を言い換える

・言った　→「お客さまがそう<u>おっしゃいました</u>」

・食べて　→「<u>召し上って</u>ください」

・来た　　→「お客さまが<u>いらっしゃいました</u>」

②「お〜になる」「ご〜になる」をつけ加える

・話した　→「全員に<u>お話しになりました</u>」

・待つ　　→「お客さまが、<u>お待ちになっています</u>」

・出席　　→「課長も<u>ご出席になる</u>そうです」

③「れる」「られる」をつけ加える

・待つ　　　　→「こちらで<u>待たれ</u>ますか」

・受け取った　→「企画書を<u>受け取られ</u>ました」

▶「お〜になる」「ご〜になる」のつかい分け
・「お+動詞+になる」お<u>帰り</u>になる
・「ご+名詞+になる」ご<u>活躍</u>になる

❷ 謙譲語への言い換え方

　謙譲語も尊敬語と同様に、ことばそのものが変化する場合と、ことばをつけ加える場合があります。

①ことば自体を言い換える

　・行く　　→「明日、<u>うかがいます</u>」

　・聞いた　→「お客さまのご要望を<u>承りました</u>」

　・会える　→「<u>お目にかかれる</u>のを楽しみにしています」

②「お〜する」「ご〜する」をつけ加える

　・持つ　→「わたくしが<u>お持ちします</u>」

▶「聞く」の謙譲語
「承る」の他にも「うかがう」「拝聴する」「お聞きする」もあります。

・案内　→「会議室へご案内<u>いたします</u>」

・用意　→「弊社でご用意<u>いたします</u>」

❸ 基本的な敬語（尊敬語・謙譲語）を押さえる

（1）名詞の尊敬語・謙譲語

　名詞を敬語にする場合、表現が尊敬語と謙譲語で図表5－4の
ように変わります。

図表5－4　名詞の尊敬語と謙譲語

名詞	尊敬語	謙譲語
わたし	－	わたくし、てまえ、小生
あなた	あなたさま	－
会社	貴社、御社	当社、弊社、小社
団体	貴会	小会
気持ち	ご厚情、ご高配	微志、薄志

（2）動詞の尊敬語・謙譲語

　動詞を敬語にする場合にも、表現が尊敬語と謙譲語で図表5－
5のように変わるものがあります。ことばそのものが変化する尊
敬語と謙譲語は、つかい方もしっかりと身につけておきましょう。

図表5－5　動詞の尊敬語と謙譲語

動詞	尊敬語	謙譲語
行く	いらっしゃる、おいでになる	うかがう、参る
来る	いらっしゃる、お見えになる、お越しになる、おいでになる	うかがう、参る
居る	いらっしゃる	おる
見る	ご覧になる	拝見する
する	される、なさる	いたす
帰る	お帰りになる	失礼する
会う	お会いになる	お目にかかる
知っている	ご存知である	存じている、存じ上げる
食べる	召し上がる	いただく
与える	くださる	差し上げる
思う	お思いになる、お考えになる	存じる

第 1 編

5

5　聞き方の基本

❶ 聞くことの大切さ

　相手との意思の疎通をはかる場合、「いかに話すか」と同時に「いかに聞くか」も大切なことです。また、「聞く」ためには、自分のペースではなく、相手のペースに合わせることが必要です。

　たとえば、相手の話をさえぎってこちらから一方的に話していたら、相手の言おうとすることが受け止められないばかりか、相手を不快にしてしまいます。

　仕事で必要な「聞く力」は、お客さまの要望や、上司・先輩の指示を正確に聞く力です。メモをとる、あいづちを打つ、うなずくなど、積極的な姿勢で相手の言うことを理解しようと努めながら聞きます。相手の話をしっかり受け止めることが、仕事で必要なコミュニケーションの第一歩といえます。

　相手は、必ずしも十分なことばで表現しているとはかぎりません。一生懸命聞こうとすることで、話し手も意欲的に話してくれるため、目的や要求をつかみ、仕事の可能性を広げることにつながります。

❷ 聞き方のポイント

　話しているときの表情や動作にも、相手の真意をつかむためのヒントが隠されています。ことばを聞くだけでなく、全体的な雰囲気も見逃さないことが大切です。

　相手の話を聞くうえで大切なポイントは、次のとおりです。

> ① 　５Ｗ２Ｈに沿って、必要な情報を整理しながら聞く。
> ② 　話し手が何を伝えたいのか、話の目的や理由、相手の求めることを考えながら聞く。
> ③ 　必要に応じて、メモをとりながら聞く。
> ④ 　途中でさえぎらず、最後まで丁寧に聞く。
> ⑤ 　相手が話しやすい表情・態度で聞く。

❸ 効果的な質問の仕方

　話を聞いた後、さらに相手から多くの情報を引き出すために質問をします。とくに、つぎの２つの質問方法を活用すると効果的であり、正確な理解につながります。

> ① 　Ｙｅｓ／Ｎｏの質問…「明日までお待ちいただけますか」
> ② 　５Ｗ２Ｈの質問 ……「いつごろですか」「どこで行われますか」
> 　　　　　　　　　　　　「何件ありましたか」

　５Ｗ２Ｈに沿ったメモをとり、足りない情報を質問して補足することによって、的確な仕事につなげることができます。

●５Ｗ２Ｈをふまえて聞くワーク

> 　「今度の新商品発表イベントは、来月７日（火曜日）の１８時から行う予定です。今回は新規顧客の取りこみを目的に規模を拡大して、われわれ営業企画部が中心に行います。参加者はインターネットで応募できる方法にします。予算は１００万円の予定です。今週中に見積書を作成してください」という指示を上司から受けました。
> 　見積書を作成するための情報は十分でしょうか。不足しているとしたら、どのような情報が必要でしょうか。その際、どのような質問をすればよいでしょうか。

　上記のワークの場合、イベントの開催場所（Where）、開催方法（How）、参加者の想定人数（How many）などについて確認する必要があります。

▶指示の整理

　ワークの内容のメモはつぎのとおりです。
・Ｗｈｅｎ：来月７日（火）18時
・Who:営業企画部
・Where:
・What:新商品発表イベント
・Why:新規顧客の取りこみ
・How:
・How much:100万円
・How many:

1　来客応対の基本

❶　受付・接客時のことばづかい

　受付や接客の基本は、「わざわざお越しいただいてありがとうございます」という気持ちです。その気持ちを示すためには、つぎのことに気をつけ、心のこもった応対を心がけます。

（1）受付の基本的なマナー

> ①　笑顔で「いらっしゃいませ」と迎え、約束のあるお客さまなら「お待ちしておりました」とつけ加える。
> ②　名前をうかがったり、名刺をいただいたりしたときは、相手の名前を復唱する。
> ③　お客さまの目をしっかり見ながら、用件をうかがう。
> ④　応接室などに案内するときは、お客さまの先に立って歩き、ときどき相手を振り返りながら誘導する。

▶名刺交換については、第6章第4節で詳しく解説します。

　受付は、会社の第一印象を決める大切な役割をもっていることを忘れてはなりません。

（2）受付・接客の7大用語

> ①　ありがとうございました ……… 感謝の気持ちを示すとき
> ②　かしこまりました　…………… 承諾の気持ちを示すとき
> ③　いらっしゃいませ …………… 歓迎の気持ちを示すとき
> ④　少々お待ちください ………… 待たせるとき
> ⑤　お待たせいたしました ……… 待たせたとき
> ⑥　恐れ入ります ………………… 恐縮の気持ちを示すとき
> ⑦　申しわけございません ……… おわびの気持ちを示すとき

接客の際は、基本のマナーをふまえたうえで、さらに、つぎの心がまえをつねに忘れずにお客さまと接するようにします。

---

① **正確に**……相手の用件や目的を把握する。

② **迅速に**……待たせずにきぱきと対応する。

③ **公平に**……どのような人にも平等に対応する。来客との親密度、地位、服装、言動によって態度を変えてはいけない。

④ **誠実に**……誠心誠意、まごころをつくす。

⑤ **親切に**……思いやりのある態度で接する。

⑥ **丁寧に**……細部まで心くばりをする。

---

❷ 誠意をもって接する

わざわざ時間をさいて来訪してくださる社外の人は、訪問先の会社の雰囲気や社員の対応ぶりによって、その会社のよし悪しを判断するものです。ですから、社員の接客マナーが会社全体のイメージを左右すると考え、お客さまに気持ちよく来社の目的を果たしていただくために、最上の対応を心がけます。

こうした誠意ある対応が、より多くの方に好印象を与え、良好な人間関係、取引関係を築いていくのです。約束（アポイントメント）のある来客の場合は当然ですが、不意の来客に対しても、できるだけお待たせしないような配慮をします。

そのためには、約束のある来客について、つぎのような情報を頭に入れておく必要があります。

●**来客の訪問目的**…来訪先、取引相手（得意先、仕入れ先、新規の契約先など）

●**来客の会社の情報**…業務内容、業界における位置、最近の動向、実績、評判、商品やサービスに関する最新の情報

第 1 編

6

2　来客応対の流れ

❶　来客の案内

お客さまを案内するときは、つぎのことを心がけます。

① 廊下ではお客さまには中央を歩いていただき、自分は2～3歩前の端を歩く。

② エレベーターに乗るときは、自分が先に乗りこみ、"開"のボタンを押してお客さまに乗っていただく。

③ 降りるときは、お客さまに先に降りていただく(エレベーターの中にお客さまを一人にしないことが基本)。

図表6－1　エレベーターのマナー

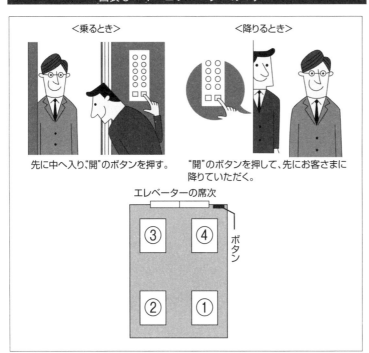

＜乗るとき＞　先に中へ入り、"開"のボタンを押す。

＜降りるとき＞　"開"のボタンを押して、先にお客さまに降りていただく。

エレベーターの席次

▶**エレベーターの席次**
エレベーターの中では、入り口から遠い奥が上座になります。また、入り口の手前が下座になり、下座にいる人がボタンの操作を行います。

② 応接室への案内と面談

応接室では、入口のドアから遠いほう、奥のほうが上座になります。一般的に、応接室のいすはソファとひじ掛いすで構成されていますが、お客さまにはソファをすすめます。自分自身を訪ねてきたお客さまであれば、そのまま面談に入ります。上司や他の人へのお客さまの場合は、「しばらくお待ちください」と言って部屋を出ます。そして、当事者に来客を伝えます。

図表6－2　応接室への案内のマナー

ドアの開け方

内開きのドア

先に室内へ入り、お客さまを招き入れる。

外開きのドア

手前にドアを引いて、お客さまを先に通す。

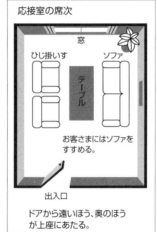

応接室の席次

窓

ひじ掛いす　ソファ

テーブル

お客さまにはソファをすすめる。

出入口

ドアから遠いほう、奥のほうが上座にあたる。

③ 来客の見送り

自分自身への来客の場合、用件が終わったら、話のおもな内容や後日の約束などについて双方で再確認します。そのあと、「お忙しいところを、わざわざお越しいただいてありがとうございました。今後ともよろしくお願いいたします」などとあいさつをします。

部屋であいさつを交わしたあとは、エレベーターの前、または、玄関前まで見送ります。その際は「失礼いたします」と頭を下げてあいさつし、エレベーターの前では、扉が閉まるまで見送ります。

▶お茶を出すとき
①人数分のお茶を用意し、応接室に運ぶ。
②応接室には軽くノックしてから入り、盆はサイドテーブルなどに置く。
③上座から順に「どうぞ」と言葉を添えながらお茶を出す。
④お茶を出し終わったら一礼して退室する。

第 1 編

6

▶自動車の席次
自動車の中では、運転席の後ろの座席が上座になります。通常、4人の場合は助手席が下座になります。

運転手
④
② ③ ①

3 面談の基本マナー

❶ 面談の進め方

（1）面談の準備

　来客と面談する場合は、お互いに相手の話を十分に聞き、理解を深めてこそ、スムーズに会話が進みます。できるだけ相手の心を開かせ、少しでも話しやすい雰囲気にするためには、いくつかの基本的な心がまえが必要です。

> ①　身だしなみを整える。
> ②　面談に必要な資料、話題、相手の情報などを集める。
> ③　面談の目的や時間配分を確認する。
> ④　会社の代表であるということを自覚する。

　取引先を訪問して面談する場合は、訪問先に到着したら、まず受付で自分の会社名、氏名を名乗り、応接室に通してもらいます。相手が入室してきたら、立ち上がり名刺を交換します。そのあと、面談に入ります。

（2）面談の開始

　ビジネス目的での訪問の場合、面談に入る際は、前置きを短めにし、すぐに用件に入るのが原則です。話をする順序は、あらかじめ組み立てておき、必要な資料を準備しておきます。

（3）面談の進行

　話はわかりやすく簡潔にまとめます。相手が話しているときは、内容が一段落するまで集中して耳を傾け、質問は話の区切りのよいときにします。とくに固有名詞や数字は、正確にメモします。

（4）面談の切り上げ方

時間内に面談が終わるよう、時間配分を考えながら話を進めます。予定の時間がきたら、用件が途中の場合でも一応区切りをつけ、そこで決まったことについて要点を互いに確認し合います。そのあと、あいさつをすませてすみやかに退出します。

（5）面談後のフォロー

ビジネスの訪問では、事後処理が大切です。その日に決まったことを関係部署へ報告し、依頼ごとの手配をするなど、必要な処置をもれなく行います。また、その場での返事を保留にしてきた問題については、できるだけ早く結論を出して先方へ連絡します。

▶面談した相手へのフォローとして、時間をとっていただいたお礼や今後の見通しなどを伝えます。

❷ 出張による取引先訪問

出張による取引先訪問が決まったら、訪問目的、スケジュールなどを上司に提出し、事前に出張の許可を受けます。また、出張先での仕事の段取りや必要書類などの携行品を確認し、出張中の連絡先や不在中の業務対応などを関係する部門に連絡します。出張中は電話やメールで経過を報告し、詳しい内容は帰社後に報告しましょう。

第 1 編

6

図表6－3　出張の準備と事務

チェック項目	OK	チェック項目	OK
出張前の準備		携行品	
上司へ目的を説明し、承認を受ける	☐	必要書類	☐
出張申請書の提出	☐	手帳	☐
出張先の相手との打ち合わせ	☐	名刺	☐
スケジュール表の作成（控えは上司へ）	☐	筆記用具	☐
関係部門への周知	☐	スケジュール表	☐
関係部門との留守中の調整	☐	携帯電話	☐
出張先での事務		切符/ICカード	☐
経過報告の連絡（最低1日に一度）	☐	着替え	☐
行動記録	☐	健康保険証	☐
経費の計算、メモ	☐	その他*	☐
出張後の事務			☐
上司への報告	☐		
経費の精算	☐		

＊ノートパソコン、充電器・バッテリー、出張先の地図、洗面用具、常備薬、化粧品など

4 名刺交換と紹介の仕方

1 名刺の果たす役割

　初対面の人とのコミュニケーションは、名刺交換から始まります。名刺1枚の出し方がその人の印象を決めることもありますので、名刺は自分の代理であると考え、丁寧に扱うことが大切です。名刺は必ず名刺入れにおさめて、男性なら上着のポケットに、女性ならバッグの中に入れて携行します。

2 名刺を順番に交換するとき

（1）名刺の出し方

　名刺交換では、目下の人、または面会を求めた側から先に出すのがマナーです。双方が立って、つぎの手順で行います。

① 　まず、あいさつをしてから名刺入れを出して、丁寧に名刺を取り出す。

② 　相手が読める方向に向けて「○○株式会社、△△部の××と申します。どうぞよろしくお願いいたします」とことばを添える。

③ 　軽く頭を下げて、右手で名刺の端を持ち、左手を添えるようにして、両手で相手に渡す。必ず手から手へ渡し、テーブルの上に置くなどしない。

（2）名刺の受け取り方

　相手が名刺を出したら、つぎの手順で受け取ります。

① 　両手で相手の名刺の端を持ち、「ちょうだいいたします」と言って、胸の高さに持っていって一読する。

▶自分の名刺はいつも20枚くらいは携行するべきです。手持ちがなくなったときは、「今日は名刺を切らしておりまして申しわけございません」と謝り、自分の肩書と氏名を名のります。後日、一筆添えて名刺を郵送しておく配慮も必要です。

▶入社したばかりの人や派遣社員など、名刺を支給されていない場合は、相手の名刺を両手で受け取り、「申しわけありません。名刺を持っておりませんが、○○と申します」と自己紹介します。

② 受け取った名刺は丁寧に扱い、面談が終わるまでテーブルに置く。立って話す場合は、名刺を両手で持ったまま話す。

❸ 名刺を同時に交換するとき

名刺交換は、順番に行うことが基本です。しかし、打ち合わせの時間に限りがあるなど、名刺交換の時間を短縮させるために同時に交換することもよくあります。つぎの手順で行います。

① まず、あいさつをしてから名刺を用意する。
② お互いに、自分の名刺を相手が読める方向に向けて「○○株式会社、△△部の××と申します。どうぞよろしくお願いいたします」とことばを添える。
③ 自分の名刺を右手で差し出し、左手で相手の名刺を支える。
④ 自分の名刺を渡し終わった右手を受け取った相手の名刺に添え、両手で持ち、胸の高さに持っていって一読する。

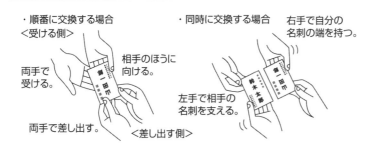

図表6－4　名刺交換の仕方

・順番に交換する場合
＜受ける側＞
両手で受ける。
相手のほうに向ける。
両手で差し出す。

・同時に交換する場合
右手で自分の名刺の端を持つ。
左手で相手の名刺を支える。
＜差し出す側＞

❹ 紹介の受け方と紹介の仕方

紹介を受けるときは、あいさつは、立ち上がって行います。

紹介するときは、下位の人を上位の人へ、年少者を年長者へ、自社の人を他社の人へというように、立場の低いほうや身内にあたるほうを先に紹介するのが原則です。このとき、「○○の件でいつもお世話になっております」などと、ひと言ことばを添えると、なごやかな雰囲気が生まれます。

▶氏名の読み方がわからない場合は、「失礼ですが、どのようにお読みするのでしょうか」とたずねましょう。

▶名刺に携帯電話やメールアドレスが記載してあるときは、そちらに連絡をしてよいか確認しておくこともマナーです。

▶名刺は個人情報です。大切に扱い、適切に管理しましょう。

第1編

6

▶ビジネスでは、人を紹介したり、人を紹介されたりすることは、人間関係を広げ、仕事に大きなプラスとなります。

▶他社の人が役職者であれば、「こちらは××株式会社の課長の○○さまです」のような表現をして、自社の人に紹介することもあります。

5　訪問の基本マナー

❶ 訪問日の約束

　仕事上の用件で他社を訪問する機会も多いものですが、その場合は、必ず事前に約束（アポイントメント）をとります。面会を希望する相手に直接電話をするのが一般的な方法です。

　電話の際は、まず、こちらの社名、所属部署、氏名（肩書）をはっきり名乗ります。そのうえで、訪問の目的、訪問の日時、所要時間を伝え、先方の都合をたずねます。

▶面談を申しこむ相手が社長、役員などの場合は、社長室、秘書課、総務課、広報課などの部門を通すのが一般的です。

図表6−5　約束（アポイントメント）の手順例

①自己紹介	自分の会社の名前、所属部署、氏名（肩書）を伝える。
②訪問の目的	新任のあいさつ、新商品の説明などと、目的を具体的に伝える。
③訪問日時・場所の調整	■訪問日時：先方の都合に合わせるのが原則。こちらの都合もあるので、ある程度幅をもたせて日程を提示し、相手に選んでもらうようにする。 ■場所：どこをたずねればよいかを確認する。 ■所要時間：先方のスケジュールの範囲で時間をとってもらうのが基本となるが、30分や1時間など、こちらの希望を伝えたほうが話がまとまりやすい。

❷ 事前の準備

　まず必要なのは、訪問目的の再確認です。訪問の目的に沿って、必要な資料の収集、訪問先の情報収集などを行います。

　資料は、出席者全員分を用意します。先方が何人出席するかを確認し、不足がないように用意します。

　はじめて訪れる訪問先の情報については、会社概要、経営方針、

担当者などについて、自分で調べたり、わからないところは先輩や上司にたずねたりします。すでに取引のある会社であれば、過去から現在に至る取引状況を調べ、その特徴などについても把握しておきます。

❸ 面談の確認

　訪問予定日の前日までに担当者に電話をかけ、その後の変更はないか、予定通り訪問してよいかなど、最終的な確認を行います。また、時間や場所などについての再確認もします。

　万一、こちらに当日訪問できないような事情が生じたときは、わかった時点ですみやかに連絡し、おわびをしたうえで、あらためて日時の調整をお願いします。直前のキャンセルは、どれほど正当な理由であっても、相手の印象をたいへん悪くするため、極力避けるようにします。

❹ 面談の当日

　外出する際は、上司に訪問先、用件、帰社予定時刻を伝えます。朝から訪問先に直接行く（自宅から直行する）ときや訪問後に直接帰宅するときは、事前に上司の許可を得て、面談終了時に連絡を入れます。

　訪問当日、出かける前には、持参する資料や名刺、筆記用具などのチェックをし、**身だしなみ**の点検をします。**ビジネスに遅刻は厳禁**ですから、約束の時間には余裕をもたせて出かけます。

　上司といっしょに出かけるときは、自分の準備はもちろん、持参する資料等については、上司の分も準備します。また、訪問先で自分が何をするべきかについてもしっかり聞いておきます。

　訪問先では、受付で自分の会社名と氏名を名乗ります。応接室に案内された場合は、示された席（通常は上座）に座ります。コートやかばんはいすの横に置きます。

▶訪問先の住所、電話番号、交通手段、訪問先までの所要時間なども確認しておきます。

▶交通渋滞をはじめ、前の訪問先の面談が長引くことなども計算に入れます。約束の5分前には先方へ到着しているという時間配分が理想的です。

▶受付のカウンターに人がおらず、電話で相手を呼び出す受付も増えています。

▶コートを着ている場合はコートを脱ぎ、スーツの上着を脱いでいるときは上着を着てから建物に入ります。

▶訪問後の流れは、第6章第3節の「面談の進め方」を参考にしてください。

第1編

6

1　会食のマナーと会食中の コミュニケーション

❶ 取引先との会食

　取引先とのつき合いとして、日ごろの仕事から離れて親睦を深めるために、会食の席を設けることがあります。こちらが会食に招待するときは、つぎの手順で準備をします。

① 相手の都合をたずね、日時、場所、形式（立食・着席など）、料理の種類などを決める。相手側の好みや会社の所在地なども考慮する。

② 約束の時刻に遅れないように、定刻より早めに会場に向かう。

③ 上位の人が上座になるよう席次に注意する。

④ 趣旨に沿ってあいさつをする（招待の目的は事前に伝えておく）。

⑤ 食事中は、ユーモアに富んだ会話で座を盛り上げるようにする。

⑥ 2時間ぐらいを目安で終了し、あいさつをして相手を見送る。

▶支払いは、会食の終わりごろ、相手が席を外した際などにさりげなくすませます。

❷ 会食のマナー

　お互いの心をなごませる、気持ちのよい雰囲気のなかで会食を進めることは、招待の心得としてもっとも重要なことです。そのためには、つぎのような基本的なマナーを守ることが大切です。

① 食事中は、正しい姿勢を保ち、相手に不快感を与えないようにする。

② 口に物が入ったまま話をしない。

③ 周囲の人に合わせて食事の速度を調整する。

図表７－１ 基本的な食事の作法

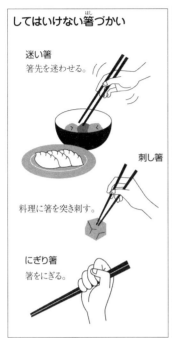

してはいけない箸づかい

迷い箸
箸先を迷わせる。

刺し箸
料理に箸を突き刺す。

にぎり箸
箸をにぎる。

ナプキン、ナイフ・フォークのマナー

〈ナプキンの扱い方〉

2つ折にして
膝にかける。

折り目のほ
うを手前に
する。

〈ナイフ・フォークの扱い方〉

食事中
皿の上に
ハの字形に置く。

食事が終わったとき
皿の上にそろえて置く。

▶してはいけない箸づ
かいとして、ほかに
寄せ箸、さぐり箸、
ねぶり箸などがあり
ます。

▶ナプキンの扱い方
中座するときはいす
の上に、食事が終
わったらテーブルの
上に置きます。

▶ナイフとフォークの
扱い方
多数並べられている
場合は、外側から順
に使用します。

❸ 会食中のコミュニケーション

　会食中の話題の選び方には、十分に配慮します。なるべく仕事の話は避け、明るい話題を選びましょう。スポーツや趣味、居住地など、誰にでも関心のもてる話題を選び、そこから話を発展させていきます。また、日ごろから話題を増やせるように努めます。会話のなかでは、できるだけ聞き役にまわり、「聞き上手」を心がけましょう。会話を楽しむことも大切ですが、話に夢中になり過ぎるのは食事の進行上よくありません。反対に、食べることに集中し過ぎて、まったく話をしないのも失礼です。食事のマナーに気をくばりながらも会話を楽しめるようになれば、自分自身も会食を楽しめるようになるでしょう。

　招待する側であっても、招待される側であっても、会食の目的が「仕事上のコミュニケーションをより円滑にするため」ということを忘れないことが大切です。

第1編

7

▶聞き上手
第5章第5節も参考
にしてください。

2 業務終了後のつき合いと冠婚葬祭の基本

❶ 業務終了後のつき合い

　業務終了後に、上司や同僚から食事あるいは酒席に誘われることがあります。仕事外のつき合いでコミュニケーションが活発になり、人間関係にもよい影響となることがあります。つぎの点に注意して、楽しく有意義なコミュニケーションを心がけましょう。

① お金の貸し借りは避け、原則、自分の分は自分で支払う。
② 上司、先輩、同僚の悪口は言わない。
③ ほどほどで切り上げる。

▶上司や先輩に払ってもらったときには、その場で、または、後日早めにお礼を言いましょう。

❷ 酒席のマナー

　酒席は、日ごろあまり話したことのない人と会話ができる場ととらえ、積極的に話をしましょう。お酒の席では会話の内容にも注意しましょう。相手の表情に注意して、自分の話に相手がどう感じているかに気づけることも必要です。参加者のなかには、アルコールに弱い人やアルコールを控えている人がいる場合もあります。そのような人に対しては、無理にすすめることは厳禁です。「お酒は無理にすすめない」という配慮もマナーであるという認識が必要です。

　アルコールが入った勢いでの軽率な発言や行動は、セクシュアルハラスメントなど、深刻な結果になることもありますので慎まなければなりません。上下のけじめは忘れずに、節度をもった態度で参加しましょう。また、翌日の遅刻や欠勤、二日酔いでの出勤は厳禁です。自分の適量を考えながらお酒を飲む習慣をつけましょう。

▶何のための酒席なのかを考えた上で、自分の役割を考慮したふるまいをするとよいでしょう。

▶お酒を相手にすすめる（お酌をする）ときは、「どうぞ」「いつもお世話になっております」などとひと言添えると、場の雰囲気がなごみます。

❸ 慶事のマナー

　慶事に誰が出席するかは、先方との関係や慶事の内容で決まりますが、まず、祝電、生花などの手配が必要です。慶事の服装は、男性の場合は略式のダークスーツ、女性の場合は、セミアフタヌーンドレスやフォーマルスーツが一般的です。

　自分の慶事（結婚）の場合には、上司に報告し、会社の規定に沿った休暇の申請を早めにすませます。結婚式の日取り、会場が決定したら、招待する人の選定をし、早めに招待状を送付します。

❹ 弔事のマナー

　社員や社員の親族、または、取引先の人の訃報を受けたときは、先方との関係によって、弔電を手配するか、通夜・告別式のどちらかに行くのか、誰が行くのかを決定します。弔事の服装は、男性の場合は黒の礼服に黒無地のネクタイで、ポケットチーフははずします。女性の場合は日中であれば黒のアフタヌーンドレスが正式です。小物類は黒で統一し、アクセサリーははずすか、つける場合は真珠のネックレス程度にします。

　告別式に出席するときは、途中で入室すると失礼にあたるので、早目に着席するようにします。式場に着いたら受付をすませます。まず、「このたびはご愁傷さまです」とあいさつし、香典や供物を差し出します。受付をすませたら、焼香をします。焼香の手順は、つぎのとおりです。

① 　焼香の順番が来たら前に進み、遺族と僧侶に黙礼し、焼香台に進んで遺影に深く一礼する。
② 　右手の親指、人差し指、中指で、香炉の中の抹香をつまむ。
③ 　頭を軽く下げ、目を閉じながら、抹香をつまんだ手を目のあたりの高さまで上げ、抹香を静かに香炉に落とす。この動作を 1 ～ 3 回繰り返す。
④ 　最後に合掌し、遺影、遺族、僧侶に一礼する。

▶**おもな慶事**
　結婚披露宴、各種の授章・授賞式、創立記念式典、支店・営業所開設、新社屋落成式などがあります。

▶結婚式の日程は、仕事に支障のない日時を設定する配慮が必要です。

第 1 編

7

▶宗教・宗派によって葬儀や香典の形式が異なるため、注意しましょう。

▶**自分の近親者が死去した場合**
　忌引として会社の規定で決められた日数の休暇が認められます。忌引で休む場合も、上司や関係部署に早めに連絡し、届をする必要があります。

第1編　ビジネスとコミュニケーションの基本

確認問題

（1）仕事への取り組み方に関するa と b の記述について、正誤の組み合わせとして適切なものを選択肢から選べ。

a. 職業倫理とは、自分の仕事に関係する法律やルールを理解した上で、自社への貢献を前提に行動することである。

b. 会社組織の一員になるということは、組織の目標に対して、メンバーとしての役割と責任が発生することである。

【選択肢】

	a	b
ア.	誤	正
イ.	正	誤
ウ.	誤	誤

第1章2 仕事への取り組み方 ［平成26年度前期試験 問2（1）］

（2）企業のコンプライアンスに関する記述について、適切なものを選択肢から選べ。

【選択肢】

ア．コンプライアンス違反の事例として、お客さまの氏名やメールアドレスなどを社外に漏えいしたことが発覚し、売上が激減してしまった企業がある。

イ．コンプライアンスを重視することは、お客さまや取引先の利益を損ねることになるが、会社にとっては信用問題につながるため例外措置は許されない。

ウ．コンプライアンスとは、「法令順守」と訳され、社内規定を守って事業をしていれば、社会から高い信頼を得られるという考え方である。

第1章3 会社の基本とルール ［平成29年度前期試験 問2（1）］

（3）仕事に取り組む姿勢について、適切なものを選択肢から選べ。

【選択肢】

ア．CS … お客さまのニーズをいち早く把握して、商品やサービスに反映させる。

イ．ES … 企業は利益追求だけでなく、地域社会に対して貢献することが重要である。

第2章2 顧客意識 ［平成25年度前期試験 問4（2）］

（4）仕事の基本となる意識について、適切なものを選択肢から選べ。

【選択肢】

ア．協調意識とは、組織の一員としての立場を理解して、周囲への配慮を怠らないように仕事を進めることである。

イ．目標意識とは、必ず達成できる目標設定をすることによって、日々の目標を達成していくことである。

ウ．コスト意識とは、設備費、人件費などの費用に対して、その生み出す価値の大小に関わらずコストを削減していくことである。

第2章3 品質意識、納期意識、時間意識・第2章4 目標意識、協調意識［平成28年度後期試験 問2（1）］

（5）社会人の身だしなみについて、適切なものを選択肢から選べ。

【選択肢】

	説明
ア．	初対面の人を判断するためには、服装や身だしなみといった外見よりも、名刺に書かれた役職名などの情報の方が重要である。
イ．	職場での服装や身だしなみは、清潔で、職場の雰囲気と調和がとれ、機能的で働きやすいことが基本になる。
ウ．	身だしなみが仕事の場で接する人に与える印象は、あくまで個人のイメージであり、会社のイメージには影響がない。

第3章4 社会人としての身だしなみ［平成27年度前期試験問4（1）］

（6）一日の業務の流れについて、適切なものを選択肢から選べ。

【選択肢】

ア．始業時間になったら、上司や先輩の指示が来るまで待機し、指示が来たらすぐに準備を始める。

イ．就業時間中は、想定外の事態に対応できるように、時間的な余裕をあらかじめ考慮して作業計画を立てておく。

ウ．終業時間になっても予定していた業務が残っていた場合、残業をして必ず当日中にその業務を完了させる。

第3章8　出社から退社までと休暇の基本ルール［平成28年度前期試験　問4（3）］

（7）仕事の指示を受ける際のポイントに関する記述の正誤の組み合わせとして、適切なものを選択肢から選べ。

a．上司から仕事の指示を受ける時は仕事の手を止めて上司の指示に集中し、その場で「何を」「いつまでに」などや、社名、人名、品名、数量などの要点をメモする。

b．指示を受けながらその目的や理由を考え、不明な点があれば相手が話している途中であっても、忘れないうちにすぐに質問して疑問を解消する。

c．指示を聞き終わったら「はい、A社向けにB製品の見積書を明日の午前中までに作成します。」などと指示内容を復唱し、指示を正しく理解できたことを伝える。

【選択肢】

	a	b	c
ア．	正	正	誤
イ．	正	誤	正
ウ．	誤	正	正

第4章1 指示を受けるポイント［平成29年度後期試験問2（3）］

（8）報告の仕方の記述の正誤の組み合わせとして、適切なものを選択肢から選べ。

a．報告は、まず順を追って経緯を説明し、最後に結論を述べるようにする。

b．上司に報告する場合は、あらかじめ報告事項と報告に必要な時間を告げておく。

【選択肢】

	a	b
ア．	正	誤
イ．	誤	正
ウ．	正	正

第4章2 報告・連絡の仕方［平成27年度前期試験問2（3）］

（9）ビジネスの場にふさわしいことばづかいに関する記述の正誤の組み合わせとして、適切なものを選択肢から選べ。

a．感じの良い会話をするためには、年配のお客さまであっても、学生が友人と話すように、敬語を使わずにフレンドリーに対応すると誠意が伝わりやすくなる。

b．肯定表現を使うよう心がけることで、こちらのやる気や前向きな姿勢が聞き手に伝わりやすくなる。

c．仕事を依頼するときなどは、「お忙しいとは存じますが」などクッションことばを使うことで、聞き手も準備ができ快く引き受けやすくなる。

	a	b	c
ア.	正	正	誤
イ.	正	誤	誤
ウ.	誤	正	正

第5章2 ビジネスの場にふさわしいことばづかい［平成30年度後期試験問2（4）］

(10) 敬語について、適切な語句の組み合わせを選択肢から選べ。

【選択肢】

		尊敬語	謙譲語
ア.	来る	いらっしゃる	おいでになる
イ.	見る	ご覧になる	拝見する
ウ.	食べる	いただく	ちょうだいする

第5章4 尊敬語と謙譲語のつかい方［平成25年度後期試験問4（4）］

(11) 仕事上の用件で他社を訪問する際、事前に約束（アポイントメント）を取る手順について、適切なものを選択肢から選べ。

① 自分の会社の名前、所属部署、氏名（肩書）を伝える。

② 希望する訪問日時や予定の所要時間を伝えて、先方の都合の良いスケジュールの範囲で時間をとってもらう。

③ どこをたずねればよいかを確認する。

④ 新任のあいさつ、新商品の説明などと、目的を具体的に伝える。

【選択肢】

ア．①→②→③→④

イ．①→③→④→②

ウ．①→④→②→③

第6章5 訪問の基本マナー［平成27年度後期試験問4（4）］

【解答】（1）ア　（2）ア　（3）ア　（4）ア　（5）イ　（6）イ
（7）イ　（8）イ　（9）ウ　（10）イ　（11）ウ

第**2**編

仕事の実践と
ビジネスツール

この編の内容

　第2編では、会社で行われている仕事はどのような内容か、基本を理解し職場の生活にすみやかに適応していくための基礎的な知識やスキルを学びます。

　社会人になると、きびしい自己管理が求められること、働く目的をもつ必要があること、自分の役割を確実に把握したうえで実際の仕事にのぞむことなどが、大切な心がまえになります。

1　仕事は正確かつ計画的に

❶　仕事は正確・確実に行う

　日常の業務は、基本的で簡単な業務が組み合わされているものが多いのですが、とくに入社したばかりのころは、定められた手順に従って繰り返す基本的な業務が中心になります。その場合、もっとも重要なことは、「正確かつ確実」であることです。

　正確かつ確実とは、お客さまや上司からの要望や指示どおりに仕事を進め、ミスや抜け、もれなどがないことです。ミス、抜け、もれは、お客さまや上司に迷惑をかけることになり、信頼も失うこととなります。そのため、仕事は目的を正しく理解したうえで、つぎの点に注意して取り組みます。

①　指示を受けるときは必ずメモを用意する。
②　メモを見直し、指示受けのミスをなくす。
③　作業のあとに必ず点検を行う。
④　口頭だけでなくメモを用いて連絡のミスをなくす。

❷　スケジュールの立て方

　仕事には、納期があります。つまり、お客さまと約束した期限、または、上司から指示された期限までに仕上げることが必要です。仕事を納期までに仕上げるためには、今の仕事の全体量と納期を確認して、それぞれの仕事の優先順位を決めてスケジュールを立てることが重要です。しかし、会社の仕事は、思わぬトラブルが発生する場合もあり、すべてがスケジュールどおり進むとはかぎりません。また、電話の対応や不意の来客など予定に入っていな

▶納期については、第1編第2章第3節も参照してください。

い仕事がつぎつぎに発生します。そのため、予定にない仕事が発生しても納期に間に合うように、スケジュールは余裕をもって立てておくことが大切です。スケジュールは、つぎの手順に沿って作成します。

① 月間予定表に、毎月、定期的に行う業務を書きこむ。
② それぞれの仕事の納期と期間を書きこむ。
③ 週間予定表に、打ち合わせや他社訪問予定などを書きこむ。
④ 週間予定表を確認しながら、日々の計画を書きこむ。その際、就業時間の 1 割程度を、余裕の時間としてみておく。
⑤ 仕事のパートナーのスケジュールも書きこんでおく。

❸ 1 日の業務の流れ

1 日の業務は、限られた時間を工夫して使うことを心がけます。たとえば、午前中は日常的な事務処理や企画・立案などを考える業務にあて、午後はお客さまへの訪問や営業活動など動く業務にあてるなど、メリハリをつけるのもよい方法です。まずは図表 1 − 1 で、1 日の業務を行ううえでの留意点を確認してください。

図表 1 − 1 1 日の業務の留意点

始業時	・始業時間になったらすぐに仕事が始められるように準備しておく。 ・朝礼・ミーティング時に新たな指示が出されたら、その優先順位と締め切りを確認する。 ・仕事の疑問点・問題点などについて確認する。 ・状況に応じ、前日までの仕事の状況を報告する。
業務中	・計画に従って業務を進める。予定より遅れぎみであれば、手順を見直してピッチを速めるよう工夫する。 ・予定外の事態が起こることをあらかじめ考え、仕事時間の 1 割ほどを余裕の時間としてみておく。
終業時	・終業前に仕事の消化量をチェックする。 ・やり残しがあった場合は、その分量や納期に応じて、その日中に終わらせるか、あるいは翌日以降に繰り越すかを判断する。 ・翌日の予定を確認する。

▶ただし、残業する際は、事前に上司に申請し、承認を得ます。第 1 編第 3 章第 8 節も参照してください。

2　定型業務・非定型業務とマニュアル

❶　定型業務と非定型業務

　業務は、大きく「定型業務」と「非定型業務」の２つに分類することができます。

（1）定型業務

　定型業務とは、あらかじめ仕事の手順や形式などが決められていて、スケジュールに従って定期的に繰り返される業務をいいます。たとえば、毎日の受注伝票の作成、取引先への支払い処理や定期的な顧客訪問など、会社の基本的な活動を支える基盤となる業務です。

　定型業務だからといって、担当者が何も考えず型どおりに取り組めばよいというものではありません。一つひとつに顧客意識をもって正確かつ確実に仕上げていくことが大切です。

　また、定型業務を行うにあたっては、社内の規定やルールに従っているか、さらに、社会的な慣習や法律に違反していないか、きちんと確認する必要があります。あたりまえのように行われる業務にも、必ず従うべき規則があることを忘れてはなりません。

▶顧客意識については、第１編第２章第２節も参照してください。

（2）非定型業務

　非定型業務とは、前例のない業務、または、前例はあっても場面に応じて担当者が最適な手順などを判断する必要がある業務のことをいいます。たとえば、新しいお客さまへの営業や、新しい商品の企画・開発などをともなう業務、予告なしに飛びこんでくるクレームや事故処理など、判断力や独創力が求められる業務です。

図表1－2　定型業務と非定型業務

	定型業務	非定型業務
必要時間	短い。	長い。
手順	決められている。	毎回異なる。
創造性	少ない。	多い。
前例	参考になる。	あまり参考にならない。
担当による個人差	少ない。	多い。
マニュアル化	しやすい。	しにくい。

❷ マニュアル化の目的と効果

　定型業務を行ううえで、マニュアルは欠かせない存在です。マニュアルはこれまでの経験の蓄積から考え出された最適な方法をまとめたもので、そのとおりに行えば誰にでも同じ仕事ができるようにつくられています。マニュアル化には、職場全体と個人に分けると、つぎのような効果があります。

▶どのような事態でも対応できるというマニュアルは存在しません。マニュアルはあくまで基本原則が書かれているものであり、お客さまの要望は人それぞれであり、つねに変化していることを理解し、個別に考えて対応する意識が大切です。

●職場全体

① その都度判断するという手間を省くことができる。
② ミスの発生を防止し、仕事の品質を一定レベルに保つことができる。
③ 人材の短期育成ができる。
④ 業務の引き継ぎをスムーズに行うことができる。
⑤ マニュアル化のために業務を見直すことにより、改善のきっかけづくりができる。

●個人

① 仕事のコツを理解し、仕事の抜けをなくせる。
② 自分の仕事の質を改善するためのきっかけづくりができる。

　ただし、マニュアルどおりに仕事をするだけでは、お客さまの満足は得られません。そのため、ぜひ心がけてほしいのが、「仕事の基本となる8つの意識」です。

▶仕事の基本となる8つの意識
第1編第2章の内容をもう一度確認してください。

3　効率的・合理的な仕事の進め方

❶　仕事の目的と手段を明確にする

　すべての仕事には目的があり、その目的を達成する手段として
さまざまな業務があります。大切なのは、まず仕事の目的を確認
し、つぎにその目的を達成するためにやるべきことをあげて整理
してみることです。たとえば、仕事の目的が「お客さまリストを
作成する」ことである場合には、図表1−3のように、やるべき
こと（手段）を整理することができます。

図表1−3　仕事の目的と手段

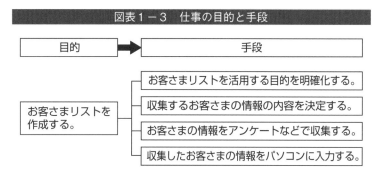

　図表1−3のように、目的と手段を明確にして、手段をさらに
分けて整理することによって、仕事を効率よく進めることが可能
となります。

❷　仕事を効率的に進めるためのポイント

　仕事を手ぎわよく効率的に進めていくためには、つぎのような
ポイントがあります。

①仕事の量を一定に保つ

　忙しい時期に備えて、あらかじめできる仕事は余裕のあるうち

にすませておくといった要領で仕事を進めていきます。

②パターン化を試みる

ビジネス文書などは、繰り返し使用できるように、フォーマット（書式）を決めておくと、毎回はじめから作成するという手間を省くことができます。

③同じ種類の仕事はまとめる

発送業務は一定期間ためておいて一度にまとめて処理するなど、同種類の仕事や関連のある仕事は、まとめて行うと効率がよくなります。

④整理・整頓しておく

資料や道具などを探す時間のムダを省くために、いつもきちんと整理された状態にしておきます。

❸ 仕事は「PDCA」サイクルに沿って行う

仕事を効率的かつ合理的に進めるためには、PDCA のサイクルに沿って進行していくことが効果的です。PDCA とは、Plan、Do、Check、Action の4つの頭文字です。具体的な内容は、図表1－4のとおりです。

図表1－4 PDCA サイクル

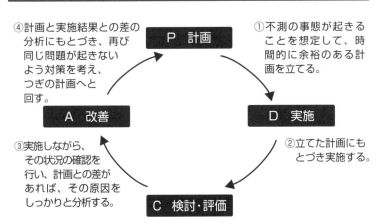

図表1－4のPDCAを繰り返すことにより、間違いのない確実な仕事と、つぎのステップへのよりよい成果が得やすくなります。

▶ビジネス文書
第2章を参照してください。なお、よく使用される文書類は、そのつど作成する手間を省いたり、様式を統一するために、フォーマットを定めている会社が多いです。

第2編
1

4 スケジュール管理と情報整理

❶ スケジュール管理のための手帳活用

　仕事をすばやく効率的に行うためには、きちんと計画を立て、その計画に沿って業務を遂行していくことが必要です。このとき大切になるのがスケジュール管理です。スケジュールを立てずに成り行きで仕事をしていては、仕事の進捗状況がわからなくなり、ねらいどおりに成果を上げることも難しくなります。

　スケジュールを管理するために、手帳を使う方法があります。手帳は、手軽であり、かつ、重要なツールです。手帳の有効な使い方を身につけ、日々の仕事を円滑に進められるようにしましょう。

ａ．出社時・退社時には必ず手帳を見る

　出社したら、まず当日のスケジュールを確認し、退社する前には、忘れている作業がないかどうかを確認します。

ｂ．会議や外出時には必ず手帳を携帯する

　決定事項や約束は、その場で手帳に書きこみます。

ｃ．年間行事や定期的な予定は先に記入する

　会社の創立記念行事など事前にわかっている予定は、先に手帳に書きこんでおきます。

ｄ．手帳の書き方を工夫する

　手帳に書きこむことが多い場合、大切なことを見落とさないように書き方を工夫します。記号をつける、色を変えるなどして、仕事のとりこぼしを防ぎます。

ｅ．準備する内容を記入する

　アポイントメントをとった際、準備することの要点を手帳に書きこみます。手帳を開くごとに確認ができ、あわてずに準備が進

▶スマートフォンのスケジュール管理ソフトに対して、手帳には、使い方の自由度が高く、工夫して使えるという利点があります。スケジュール管理ソフトには、決められた項目しか記録できません。しかし、手帳には自由に書き込める余白があり、予定の内容、作業のチェックリスト、打ち合わせメモなど、自由に記入できます。また、蛍光ペン、シールなどを使って目立たせる工夫もできます。また、お客さまとの面談時に、スマートフォンでメモを取ると失礼な印象を与えるおそれがあります。

められます。

ｆ．仕事のチェックリストをつくる

スケジュールに合わせて作業のチェックリストをつくり、手帳にはさんでおきましょう。仕事の進行状態が確認できます。

▶たとえば、電話の予定を記入するとき、かけ忘れや連絡先忘れを防ぐために、名前に丸印をつけたり、赤ペンを使うなどで、目立たせる工夫をします。

図表1－5　手帳の活用例

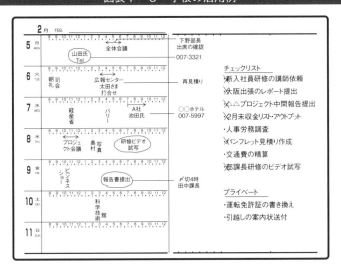

❷ 情報整理の方法

収集した情報は、すぐに活用できるように整理しておきます。つぎのようなポイントがあります。

> ①　必要な情報は、パソコン上でファイルとして整理する。
> ②　まず大きな項目で分類し、整理や活用の段階で中・小項目に分類していく。
> ③　コピーをとるときは、Ａ４などにサイズを統一する。
> ④　保管期間を決めて、不要になったものは捨てる。

紛失の恐れがある書類や、順序よく整理したい書類は、パンチ式のファイルに入れます。また、たびたび取り出して使う書類はクリアファイルやパンチレスのファイルにすると便利です。とくに、企画書や企画の関連書類のようなものは、頻繁に保存する情報が増えたり減ったりするため、薄型のファイルに１件ずつ収納しておくと便利です。

▶グループウエア

職場のメンバーで、スケジュールや情報を共有できるソフトウエアをグループウエアといいます。メンバーに直接聞くことなく、すぐにスケジュールや必要な情報を確認できるため、業務効率化、ペーパーレス化などの目的のほか、テレワークのコミュニケーションツールとして導入する企業が増えています。

5　パソコンは仕事の基本

❶　パソコンと情報ネットワーク

（1）　パソコンは仕事に欠かせないツール

　パソコンは、ただ文書や表をつくるだけの道具（ツール）ではなく、社内・社外の情報ネットワークをつなぐ役割をもっており、インターネットを通じて、情報の検索やメール送受信に利用されています。パソコンは、一般的に、つぎのように活用されています。

> ①　社内や社外のコミュニケーション（電子メール、Ｗｅｂ会議、ビジネスチャットなど）に使用する。
> ②　社内用の受発注システムなど、会社の基幹システムから自分の業務に必要なデータを取り出す。
> ③　プレゼンテーションソフトを使って会議資料などを作成し、プロジェクターで会議資料を映写する。

　また、最近では、スマートフォンやタブレットの活用が加速しています。出張先や外出先でもスマートフォンを使って社内のシステムに接続して必要な情報を取り出し、お客さまの問い合わせにすばやく対応できるように活用するといった事例も増えています。

（2）　パソコンと情報ネットワーク

　「パソコンが使えること」と「仕事ができること」は同じではありません。パソコンは情報を収集・加工・発信できる便利なツールですが、パソコンを使って情報ネットワークを活用していくためには、どのような目的で情報を収集するかを理解し、収集した情報は適切かを見きわめる能力を身につける必要があります。

▶社内の受注業務や営業担当者の社内業務の削減のために、多くの会社で、受発注入力、各種問い合わせ、売上・入金入力ができるシステムが導入されています。

▶情報モラル
インターネットや情報機器の利用時に、他人に害を与えない、自分や周囲の人間が無用なトラブルに巻き込まれないための基本的な考え方、態度、道徳のことです。たとえば、発信する情報に対して責任を持つ、他者の権利や尊厳を尊重する、自分や他人の個人情報・プライバシーをむやみに公開しない、インターネット上で知り合った人を簡単に信用しないなどが含まれます。

▶テレワークでは、他のメンバーに仕事の情報を直接聞くことが難しい場合もあるため、グループウエアなどの情報管理

② パソコンを活用した情報管理

　情報の管理とは、情報を収集し、蓄積し、どの情報が必要でどの情報が不要かを取捨選択して整理していくことです。情報は文書だけでなく、数字の表や数字を加工したグラフ、写真、音声、動画なども保存できます。図表1－6に、パソコンを利用した情報管理の長所・短所をまとめておきます。

図表1－6 パソコンによる情報管理の長所・短所	
長所	短所
・情報を共有しやすい。 ・情報の検索・収集がすばやく行える。 ・編集・加工が容易である。 ・紙類の保管場所が不要になる、または、紙類を大幅に削減できる。	・情報の見直しを行わないと、不必要な情報が蓄積されたままになる。 ・ウイルスなどへのセキュリティや、情報の流出などに注意する必要がある。 ・何らかの事故でデータが消えてしまう可能性もある。

③ パソコン利用上の留意点（情報セキュリティ）

①認証管理

　パソコンやネットワークの利用にあたり、通常、他人がアクセスできないようにパスワードを設定します。パスワードは容易に推測されるものを避け、2要素認証を使用するなど、さらにセキュリティを強化することが推奨されています。

②ネットワークへ発信する内容

　仕事に関係のない内容や個人情報を発信することは、ほとんどの場合、社内規定などで禁止されています。

③コンピュータウイルスへの注意

　ウイルス対策ソフトを利用し、定期的なウイルスチェックを行います。感染の疑いがある場合は、すみやかにシステム管理者に報告し、ウイルスの除去を行うことが必要です。

ツールを使います。自分が作成した資料や入手した情報などをこまめに登録し、仕事に必要な情報は情報管理ツールを通して入手します。

▶パソコンがウイルスなどに感染すると、パソコンの動作が不調になったり、情報が削除されたり流出したりします。

▶パスワードが他人に知られた場合、自分になりすましてアクセスされ、他人に見られてはいけない資料を見られる、情報を悪用されるといった危険があります。

▶2要素認証
　たとえば、自分だけが知っているID・パスワード（知識要素）を入力すると、所有しているスマートフォン（所有要素）に認証コードが送信されて本人確認を行うといった方式です。

▶ウイルスの感染経路はさまざまです。知らない相手からの電子メールの添付ファイルや、インターネット上のファイルのダウンロードが原因になる場合があります。

6 電子メール（Ｅメール）の活用

❶ 電子メールの特徴

　電子メールは、電話とならぶコミュニケーションツールとして、仕事のうえで大きな役割を果たしています。図表1－7に、電子メールを使ったコミュニケーションの長所・短所をまとめておきます。

図表1－7　電子メールの長所・短所

長所	短所
・相手の不在時でも伝言や用件を書いたメールを送ることができる。 ・表や図面などのデータも低コストで、すばやく送ることができる。 ・受信したデータの編集・加工ができる。 ・相手の仕事を中断させることがない。	・あて先の入力ミスで意図しない相手にメールを送ってしまう、または、誤ったファイルを添付して送ってしまう。 ・相手がいつ読んでくれるか、または、読んでくれたかがわからない。 ・ウイルスなどへのセキュリティや、情報の流出などに注意する必要がある。

▶お客さまの氏名やメールアドレスなどを社外に漏洩したことが発覚し、仕事を受注する機会を失ったり、お客さまに不信感をもたれて売上が激減したという事例もあります。

❷ 電子メール送信時の注意点

　電子メール送信時には、つぎの点に注意します。

（1）あて先のメールアドレスを確認する

　あて先を正しく入力します。誤って別の人のメールアドレスに送信してしまうと、混乱を招くだけでなく、内容を知られたくない相手に読まれてしまう危険性もあります。

（2）「CC」「BCC」の使い方に注意する

　CC（カーボンコピー）は、一度に複数の人に同じ電子メールを送信するための機能です。受信メールには、相手のあて先およびCCで送信した全員のアドレスが表示され、内容を共有していることが確認できます。

　BCC（ブラインドカーボンコピー）も、一度に複数の人に同じ電子メールを送信するための機能ですが、BCCで送信したあて先は、受信メールに表示されません。このため、その内容をBCCで送信された人全員が共有していることは、メールを送った人にしかわかりません。

　以上をふまえて、CC、BCCを使い分けます。

（3）相手が読みやすいように作成する

　件名は、一見して内容がわかるものにします。本文は、「お世話になっております」といった簡単なあいさつのあとすぐに内容に入り、箇条書きなどを使って読みやすくします。

（4）送信者の連絡先を明記する

　本文の末尾には、電子メールの署名機能を活用し、会社名、住所、電話番号、ホームページのURL、自分の所属部署名、氏名、メールアドレスなどを入れて、返信や問い合わせをしやすくします。

　「送信」をクリックする前に、必ずもう一度、あて先、件名、本文を確認します。

　なお、緊急の用件や重要な用件を伝える場合には、相手先が受信した電子メールを読んでいるとは限らないため、電子メールだけに頼らず、電話や対面による確認が必要です。実際の電子メールの作成例は、第2章第6節を参照してください。

▶電子ファイルのやりとりに、電子メールを暗号化してパスワードをかけて添付する方法（PPAP）が広く用いられています。しかし、この方法は、パスワードが解読や盗聴されるリスクがあります。また、サイバー攻撃の代表的な手口である標的型攻撃メールで使用されるということもあり、政府や企業のなかにはPPAPを禁止しているケースもあります。代替手段として、インターネット上にデータを保存できるオンラインストレージなどのクラウドサービスを利用する方法があります。

▶電子メールのほかに、LINE WORKS、Microsoft Teams、Slackといった、チャットを使って情報交換する企業が増えています。簡素に伝えたい内容だけを記述すればよく、やりとりの流れが見やすく、電子メールよりもリアルタイムで情報交換することができます。グループで会話できるため、組織内での情報共有や議論に活用できます。

1 ビジネス文書の役割と書き方

❶ 文書作成能力が必要とされる

　会社では、毎日さまざまな文書がつくられています。近年は、社内・社外で電子メール（Ｅメール）が重要な情報伝達手段となったため、文書作成能力はますます重要になっています。

　会社の仕事には、社内外の多くの人が関係しています。1つの仕事について、知っている人と知らない人がいたのでは、仕事をスムーズに進めることができません。関係者に同時に間違いなく同じ情報を伝えるには、文書がもっとも適しています。

　また、会議などで話し合ったときには全員が了解したつもりでいても、実は、それぞれが違う解釈をしていたということがあります。しかし、会議結果を議事録にまとめて確認し合うことで、お互いの合意（コンセンサス）がとれます。以上により、ビジネス文書の役割は、つぎの2つに要約されます。

> ①　情報の正確な伝達と共有
> ②　後日の確認のための記録、証拠として保存

　「ことば」は、伝達する人数が多いほど、内容が正確に伝わりにくくなります。業務上で大切なことは、正確な伝達と、伝達事項の確認です。文書にすることで、ミスの予防や証拠としての資料になります。

❷ ビジネス文書は目的に合わせて正確に書く

　ビジネス文書に求められているのは、簡潔でありながら事実を

正確に記すことと、必要事項をもらさず書きこむことです。文書には、記録や報告、指示、案内、提案などの目的があります。文書の目的に応じて、記載事項の優先順位を確認して書きます。また、目的に応じて、文書の体裁やことばづかいなども違ってきますので、最初に何のための文書なのかを確認することが大切です。

❸ ビジネス文書は基本の形式に従って作成する

　あいさつ状など特別に礼儀を重んじた社外文書以外は、**横書き（Ａ４判）** がビジネス文書の基本です。横書きは、数字やローマ字・外国語などが入っている文章も書きやすいという利点があります。

　また、ほとんどの場合、手書きではなく、**パソコンで作成**します。

　ビジネス文書は、伝えたい内容が正確に伝わり、かつ、相手が読みやすいように作成します。

（1）結論や要点から書く

　文書の主旨がすぐわかるように、まず結論や要点を述べ、そのあとに、結論に達するまでの経過や理由を述べます。必要であれば、そのあとに自分なりの意見や提案を加えます。

（2）正確にわかりやすく書く

　数字、名前、漢字などの間違いに注意します。あいまいな表現や冗長(じょうちょう)な表現を避け、事実と意見がはっきりわかるようにします。

①　5W2H にもとづいて書く。
②　箇条書きを用いる。
③　1つの文書は同じ文体で書く。
④　礼儀正しく丁寧に書く。
⑤　1つの文書にいくつもの用件を入れない。
⑥　時機を逃さずタイミングよく書く。
⑦　上司の承認を得てから発信する。

▶目的によって、「です・ます」あるいは「である」など、文章の語調やことばづかいなどを選びます。

▶特別に礼儀を重んじた社外文書
第2章第4節を参照してください。

▶**文書の電子化**
かつては文書は紙で作成、保存していましたが、ICT 技術の進歩やクラウドサービスの普及などにより、電子文書（デジタル情報で作成された文書）が一般的になっています。電子文書は、修正や流用、情報共有が容易で、検索がしやすいなどのメリットがあります。また、e-文書法（電子文書法）、電子帳簿保存法など、電子文書の利用を促進する法整備も進められ、ビジネスでの文書の電子化が進んでいます。

▶発信者名が自分以外（とくに上司など）の場合は、発信前に、内容を含め、上司の承認・確認を確実に受けます。

2 ビジネス文書の種類

❶ ビジネス文書の種類

ビジネス文書の種類には、大きく分けて社内文書と社外文書があります。図表2−1のとおり、それぞれの文書で特徴や書き方に違いがあります。

図表2−1　社内文書と社外文書の違い		
	社内文書	社外文書
発信する相手	社内の人	取引先、お客さまなど社外の人
目的	効率的に必要な用件を伝える。	先方に敬意を表しながら、正確に意向を伝える。
儀礼性	弱い。	強い。

❷ ビジネス文書の特徴

（1）社内文書の特徴

社内文書は、用件が社内の人に、迅速かつ正確に、簡潔に伝達されることがねらいです。

したがって、儀礼的な要素はできるだけなくし、敬語も最小限にとどめ、明快な表現であることが望まれます。

会社の組織規模が大きくなればなるほど、内部の機構が複雑になり、スムーズな情報の伝達を口頭だけに頼ることがむずかしくなります。そこで、各種の社内文書が情報伝達の手段として重要

▶取引は一般的に、「金額の確認」→「注文」→「納品」→「代金の請求」→「代金の入金」の流れで進みます。流れの各段階で、見積依頼書、見積書、注文書、納品書、請求書（状）、入金通知書などの社外文書を使用して、取引先と内容を確認しながら取引を進めます。社外文書については、第2章第4節で詳しく解説します。

▶関係者、関連部署への文書の回覧、コピー配布は確実に行いましょう。

な役割を果たすことになります。

　また、業務を合理的に進め、円滑なコミュニケーションをはかるためにも、社内文書は欠かすことができません。

　社内向けとはいっても、仕事上の重要な文書ですから、とくにつぎのようなことに注意します。

---

① 個人名が必要なもののほかは、原則、受信者・発信者ともに部署名、肩書名で出す。
② 頭語・結語、前文・末文など儀礼性の強い部分は省く。
③ 箇条書きを多用する。

▶文書受信時は、内容に応じて、業務上の処理や返信など、必要な対応をとります。

（2）社外文書の特徴

　社外文書は、形式を整え、先方に敬意を表し、かつ正確に意向を伝えることなどが要求されます。

　また、社外文書は、たとえ個人名で出すとしても、会社を代表して書いているという自覚をもつことが必要です。社外文書の書式や内容に不備があった場合は、自社への評価に大きな影響を及ぼすこともあります。さらに、何かトラブルが生じたときなどは、その文書が証拠となることもあるため、慎重にことばを選んで書かなければなりません。

　社外文書には、つぎのような決まりごとがあります。

---

① 頭語と結語は対応させる。一般的には「拝啓」と「敬具」がつかわれるが、内容によって適切につかい分ける。
② 社外文書の敬称は、相手によってつかい分ける。
③ 頭語のあとに「新緑の候」のように時候のあいさつを述べる。
④ 前文・末文のあいさつは内容にふさわしいものを書く。一般的に、前文では先方の繁栄を祝福することば、平素の感謝を表すことばを述べ、末文は愛顧を願うことばでまとめる。

▶頭語と結語の組み合わせ、敬称のつかい方、時候のあいさつ、前文と末文の書き方については、第2章第4節で詳しく解説します。なお、ビジネス文書作成の書籍も多数出版されているので、手元に置いて活用するとよいでしょう。

3　社内文書の種類と作成例

❶ 社内文書の基本型

　社内文書にはさまざまな種類がありますが、図表2−2のように、大きく分けて、前付け（日付、あて先、発信者名など）、本文（件名・タイトル、用件など）、付記（添付する書類など）の3つの部分で構成されています。

図表2−2　社内文書の基本型

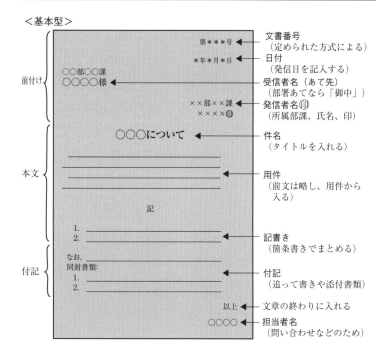

<基本型>

前付け
- 第＊＊＊号 ← 文書番号（定められた方式による）
- ＊年＊月＊日 ← 日付（発信日を記入する）
- ○○部○○課 ○○○○様 ← 受信者名（あて先）（部署あてなら「御中」）
- ××部××課 ×××× 印 ← 発信者名 印（所属部課、氏名、印）

本文
- ○○○について ← 件名（タイトルを入れる）
- ____ ____ ____ ← 用件（前文は略し、用件から入る）
- 記
- 1. ____ 2. ____ ← 記書き（箇条書きでまとめる）

付記
- なお、 同封書類: 1. ____ 2. ____ ← 付記（追って書きや添付書類）
- 以上 ← 文章の終わりに入れる
- ○○○○ ← 担当者名（問い合わせなどのため）

❷ 目的に応じた社内文書

　社内文書には、目的に応じてつぎのような種類があります。

（1）報告・届出のための文書

> ① 　**日報・週報・月報**：１日、１週間、１か月単位で提出する
> 定型化された報告のための文書
> ② 　**休暇届・住所変更届・結婚届など**：休暇取得、住所変更、
> 結婚など、個人的な用件や変更を届け出て承認・確認をして
> もらうための文書
> ③ 　**申請書**：業務上で必要な事項を上司に届け出て、承認・確
> 認をもらうための文書
> ④ 　**報告書・議事録**：出張や会議の内容を報告・記録するため
> の文書

（2）指示・提案・決裁のための文書

> ① 　**通達文・指示文**：上位者からの通知や指示などを、全社員、
> または特定の部署や個人に伝えるための文書
> ② 　**提案書・企画書**：ある業務や事業・イベントなどの企画を
> 説得力ある文章で示し、提案・説明するための文書
> ③ 　**稟議書・上申書**：業務上で必要な事項について、担当者が
> 上司や上層部にその内容を上申し、会議を経ずに決裁者（部
> 門長、社長など）の決裁・承認を受けるための文書

（3）連絡・調整のための文書

> ① 　**業務連絡書**：他部署に対し、業務の進行状況や依頼事項を
> 記して配付し、協力・参加を得たり、内容について周知徹底
> させるためなどの文書
> ② 　**照会書**：業務上で必要な知識や資料などに関して、他部署
> に確認をとったり、問い合わせたりするためなどの文書
> ③ 　**依頼書**：相手の協力を求めるための文書
> ④ 　**通知書**：人事異動や研修会の案内など、ある事項を広く、誤
> りなく伝えたり、各人に実施することをうながすための文書

（4）各種の帳票

　定型業務で用いられる書式化された文書を総称して、帳票といいます。

▶多くは定型書式が用意されていて、フォーマットに従って書きこむだけになっています。

▶業務の経過を上司へ報告することで、適切な指示が受けられ、業務効率を上げるのに役立ちます。

▶**上申**
自分の権限以上の案件に対して上司や上席者に要望や意見を申し出て、指示や判断をあおぐことです。

▶**各種帳票**
出金伝票、入金伝票、振替伝票、注文書などがあります。なお、住所変更届、結婚届なども帳票に含まれます。

❸ 社内文書の例

社内文書の基本は、「正確」「簡潔」「明瞭」です。5W2H をふまえ、「結起承」でまとめます。

▶報告すべき相手が もっとも早く知りた い部分（事実・結果） を最初に書き、つぎ に、それに至るまで の部分（経過・理由） を書きます。

▶最後の「承」では、 仕事や面談の結果を 具体的にまとめま す。

図表2−3　業務日報の例

業務日報			
			令和○年 5 月22日
件名	お歳暮 キャンペーン	担当者	営業 1 課 山本

1．午前、□□企画の池上課長と面談、キャンペーンの企画について 2 つの提案を受けた。

2．提案内容を持ち帰り、営業 1 課全員で検討を行った。その結果、A 案を採用することで一致した。

3．□□企画・池上課長に A 案で決定したことを連絡、次回の打ち合わせの日程が確定した。次回の打ち合わせにおいては、営業第 1 課の山岡課長も同席する。

図表2−4　議事録の例

議　事　録			
テーマ	新商品発売に関して	作　成	令和○年10月 2 日
開　催	令和○年10月 1 日	議　長	営業部　山田部長
場　所	本社第 2 会議室	書　記	販売促進課　斎藤
出　席	田中、近藤、加藤、河合		
資　料	1　内覧会配布用資料　　　2　予算案		
議　題	内覧会までのスケジュールおよび作業分担		

内覧会配布資料の検討
・新商品カタログとプレゼンテーション内容の確認（田中）
・配布資料の作成分担の決定
・希望者には資料を後日送付することとする（河合）

スケジュールの確認
・配布資料は10月20日校了、10月25日納品予定（近藤）
・会場、料理は10月12日△△ホテル営業部担当者と打ち合わせ（加藤）
・案内状発送は10月 8 日、電話による出欠確認は10月30日予定（河合）

予算内訳の承認
・広報宣伝部の今年度販売促進費の予算について（山田）
・10月15日の営業連絡会議で役員に報告（山田）

社内文書の作成にあたっては、つぎの点に注意しましょう。

①　文章は簡潔にし、要点は箇条書きにする。
②　数字の間違いがないように、必ず確認する。
③　視覚に訴える工夫をする。

図表2－5　報告書の例

20××年5月10日

販売促進部
部長　□□△△様

販売促進部　○○××

新商品○○のテスト販売結果について

　本年10月発売の新商品について、△地区にてテスト販売を実施しましたのでご報告いたします。

記

1　調査期間　20××年4月15日から28日まで（2週間）
2　販売地区　A市□地区、B市△区、C市◇町
3　販売実績　売上高　230万円（500ケース）
　　　内訳　A市　250ケース
　　　　　　B市　150ケース
　　　　　　C市　100ケース
4　概況
　　大都市A市においては当商品への興味が高く、結果として販売実績に結びついた。C市では当商品はほとんど認知されておらず、苦戦を強いられた。B市は平均的な地方都市で、認知度は高いが販売に結びつかなかった。
5　所感
　　地方都市における認知度を上げるための施策を追加する必要がある。大都市圏においては、計画どおりの販売計画が達成可能であると思われる。

以上

図表2－6　社内通知書の例

総務部発第30号
令和○年7月2日

社員各位

総務部研修担当

プレゼンテーションスキル研修会の開催について

　営業力強化の一環としてプレゼンテーションスキルアップ研修を下記の通り開催いたします。日時は3日設定しています。3日のうちのどれかに必ず参加してください。

記

1　日時　7月29日、8月2日、8月5日（内容は3日とも同じです）午後1時から4時
2　場所　本社第3会議室
3　対象　プレゼンテーションスキルを向上させたいと考えている社員全員（日程は各課で調整の上、お申し込みください）
4　申込み締め切り　7月20日
5　研修内容　・プレゼンテーションの心構え
　　　　　　　・内容の組み立て方
　　　　　　　・効果的なパワーポイントの使い方など
6　問合せ先　総務部研修担当　山口（内線2535）

　全日程、午後12時45分から受付を開始します。時間厳守でご参加ください。

以上

▶「今年」「来年」「明日」「先日」などは用いず、日付をきちんと明記しましょう。また、原則として、「それ」「そこ」「その」などの指示語は使用せず、具体的な内容を明記します。

第2編

2

4　社外文書の種類と作成例

❶ 目的に応じた社外文書

　社外文書には、事務的な業務に関する文書と儀礼的な意味の社交的な文書の２種類があります。

（１）業務に関する文書

　業務に関する文書の目的は、円滑なビジネスを推進することです。このため、まずはマナーを念頭において、正確に、簡潔に、明瞭に作成するよう心がけることが大切です。文書によっては、会社の方針からはずれていないか、上司や責任者などから事前に確認や承諾を得ておきます。業務に関する文書の例は、つぎのとおりです。

> ・**依頼状**：見積りの依頼など
> ・**通知状**：価格の改定、休暇のお知らせなど
> ・**督促状**：入金や納品の遅延に対する督促など
> ・**その他**：請求状、照会状、断り状、交渉状、抗議状、わび状など

（２）社交的な文書

　社交的な文書は、取引先とのコミュニケーションをはかり、相互の信頼関係を築くために欠かせないものです。公的な意味の強いあいさつ状については、**縦書き**とするのが一般的で、書式もあらたまった重厚な感じのものが多くなっています。

　そのほか、各種のあいさつ状や招待状、礼状などを書くときは、相手との関係をよく考慮したうえで、それぞれの趣旨に沿った内容にまとめます。社交的な文書の例は、つぎのとおりです。

▶見積書
　取引金額の確認に使用する文書です。物品やサービスを発注する際には、まず取引先に見積りを依頼し、見積書を入手します。見積書で金額、納期、支払条件などを確認してから、注文します。

▶見積書を発行する際には、内容に間違いがないよう十分に確認します。また、社内規定に従い、上司や経理部門などの承認を得る必要があります。

- **あいさつ状**：創立記念、新会社設立、転任、着任、役員就任のあいさつなど
- **招待状**：展示会、講演会、セミナー、各種の披露宴(ひろうえん)への招待など
- **礼状**：訪問のお礼、取引先紹介のお礼など
- **その他**：年賀状、祝い状、推薦状、見舞い状、お悔やみ状など

第2編

2

図表2－7　社外文書の基本型

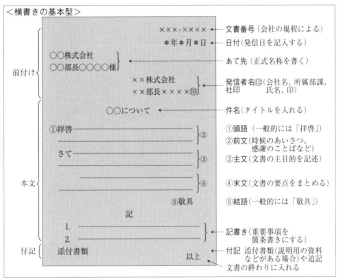

注) 重要な社外文書は、社印を押して送るのがマナーである。

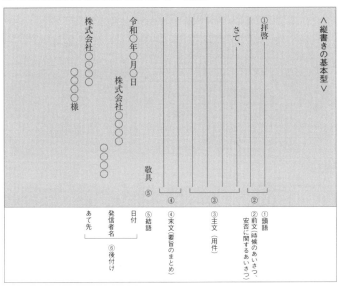

▶社外文書は、お客さまや取引先との業務活動を確認するものです。文書を送ったからといって仕事がすべて終わるものではありません。送付する文書を生かすためには、内容に応じてつぎのような細かな気くばりが必要です。

- お客さまや取引先に、事前に送付する文書の案内や主旨を説明する。
- 送付後に、お客さまや取引先に、文書に関するフォローとして電話やFAXを入れる。

❷ 社外文書の基本事項

（1）頭語と結語の対応

　頭語と結語は対応させて用いられます。一般的には、「拝啓」と「敬具」が用いられますが、内容によって適切につかい分けましょう。

図表2−8　頭語と結語

- 一般的な往信
  拝啓／拝呈／啓上／啓白──**敬具**／拝具／敬白
- 重ねて出す往信
  再啓／**追啓**／再呈／再白／重ねて申し上げます→**敬具**／拝具／敬白
- 一般的な返信
  拝復／**復啓**／啓復／拝啓──**敬具**／拝具／敬白
- とくに丁重な場合
  謹啓／粛啓／恭啓／謹呈──**敬白**／謹白／謹具／再拝
- 急ぎの場合
  急啓／急呈／急白／急陳──**草々**／不一
- 略式の手紙
  前略／**略啓**／略陳／草啓／冠省──**草々**／不一

注）太字になっているものの組み合わせが、一般的によく使われている。

（2）敬称のつかい分け

　社外文書で用いられる敬称は、相手によって異なります。

図表2−9　敬称のつけ方

	敬称	例
様	個人的に用いる一般的なもの	○○会社　△△様
殿	一般的に役職名をつけて用いる	○○部長殿　課長△△殿
御中	会社・団体あてに用いる	○○会社（○○部）御中
各位	一定範囲の個人あてに用いる	関係者各位

（3）時候のあいさつ

　頭語のあとに、「新緑の候」といった時候のあいさつを述べます。季節の変化がはっきりしている日本ならではの習慣で、手紙に季節感を添えるものです。旧暦の二十四節気と関係が深く、実際の季節の感覚とずれている場合もあります。

▶たとえば、近年は8月の終わりごろでも暑い日が続いていますが、時候のあいさつは「残暑の候」を使用します。

図表2－10　時候のあいさつ

- ●新年…賀正／迎春／謹賀新年／恭賀新年／謹んで新春の御挨拶を申し上げます
- ●1月…小寒の候／大寒の候／厳寒の候／年改まり、ひとしお寒さが身にしみます
- ●2月…立春の候／余寒の候／梅花の候／立春とは名ばかりの寒い毎日です
- ●3月…早春の候／浅春の候／春分の候／暑さ寒さも彼岸までと申しますが
- ●4月…春暖の候／陽春の候／桜花の候／花冷えの日が続いております
- ●5月…新緑の候／薫風の候／初夏の候／青葉若葉の美しい季節となりました
- ●6月…梅雨の候／向暑の候／短夜の候／雨に咲く紫陽花がひときわ鮮やかです
- ●7月…盛夏の候／酷暑の候／炎暑の候／梅雨も明け、猛暑が到来しました
- ●8月…残暑の候／晩夏の候／秋暑の候／立秋とはいえ残暑厳しい毎日です
- ●9月…初秋の候／新秋の候／新涼の候／台風一過、秋色日々増してきました
- ●10月…秋冷の候／錦秋の候／秋容の候／秋気清爽の季節を迎えました
- ●11月…晩秋の候／暮秋の候／初霜の候／立冬も過ぎ、冷え込みが厳しくなりました
- ●12月…寒冷の候／初冬の候／師走の候／師走の声を聞くと、慌しさを感じます

（4）前文・末文のあいさつ

　一般的に、前文では先方の繁栄を祝福することば、平素の感謝を表すことばを述べ、末文では愛顧を願うことばでまとめます。

図表2－11　儀礼的なあいさつ文

- ●**先方の繁栄を祝福する**…貴社にはいよいよご清栄のこととお喜（慶）び申し上げます／貴社にはますますご隆昌のことと拝察し、慶賀の至りに存じます

- ●**平素の感謝を述べる**…日ごろは格別のお引き立てにあずかり、厚く御礼申し上げます／平素はひとかたならぬご厚情を賜り、深く感謝申し上げます

- ●**迷惑をわびる**…いつもご無理ばかり申し上げ、申しわけございません／過日はお手数をおかけいたしましたこと、なにとぞご寛恕のほど願い上げます

- ●**返信を請求する**…お手数ながら折り返しご返信を賜りたく、よろしくお願い申し上げます／恐縮ながらご内意のほど承りたく存じます

- ●**愛顧を願う**…今後ともなにとぞよろしくお願い申し上げます／引き続きご高配を賜りますようお願い申し上げます

- ●**要旨をまとめる**…右とり急ぎお知らせまで／御礼かたがたご報告まで／まずは略儀ながら、書中をもってご返事させていただきます／よろしくご査収ください

▶社外文書の用語
・厚情：心からの深い思いやりのことです。
・高配：相手の心くばりを敬うことばです。
・略儀ながら、書中をもって：本来ならお伺いして申し上げるところという気持ちを含んだことばです。
・査収：よく調べて受け取ることです。

③ 社外文書の例

■依頼状

取引先を開拓するための依頼などでは、その趣旨を明確に伝え、協力を得たいということをお願いします。

会社概要、商品カタログなども同封し、可能であれば、取引条件の案なども示しておきましょう。

図表2－12　依頼状の例

令和○年○月○日

株式会社 ○○○○
　代表取締役社長　高木啓介様

　　　　　　　　株式会社○○○○○○○○
　　　　　　　　代表取締役社長 田川順一

新規取引のお願い

拝啓　貴社ますますご清栄の趣、お喜び申し上げます。

　さて、このたび小社では、事業多角化の一環としまして、御地にお取引先を希望しておりましたところ、御地商工会議所 坂下様より、貴店には大幅ご改修に伴い、アパレル部門の新設をご計画中と承りました。

　つきましては、これを機にぜひとも小社とお取引を賜りたく、また、新規販路の開拓にお力添えいただきたく、ここにお願い申し上げる次第です。

　近日中に、小社営業担当者を参上させますので、ご多忙の折、まことに恐縮に存じますが、ご引接の上、よろしくおとりはからいのほどお願い申し上げます。

　なお、お取引条件等の概略につきましては、同封の別紙に記載してございますので、ご検討いただければ幸いに存じます。

　まずは書中をもっておうかがい申し上げます。

敬具

添付書類：小社会社概要、総合カタログ、お取引条件等の概略

以上

■照会状

照会は、問い合わせであると同時に依頼でもあります。当方の都合により、先方をわずらわせるわけなので、手数をかけるおわびを、必ず述べるようにします。

照会を求める事項が明確になるように、内容を整理して、箇条書きにしたり、別記したりしましょう。

図表2－13　照会状の例

令和○年○月○日

株式会社 ○○○○
　販売促進部　佐藤隆雄様

　　　　　　　　株式会社○○○○○○○○
　　　　　　　　資材購入部　野村秀之

貴社製品○○　ご照会のお願い

拝啓　時下ますますご清栄のこととお喜び申し上げます。

　さて、先般　業界紙「○○○○新聞」紙上に掲載されておりました貴社の新製品○○は、小社の生産ラインの強化に大変有効であり、いっそうの能率向上につながるものと考えられ、大変興味をおぼえました。

　つきましては、ご多忙のところ恐縮に存じますが、さらに詳しく検討したいと存じますので、下記の点についてお知らせくださいますようお願い申し上げます。

敬具

記

1．新製品○○の機能、仕様一覧
2．新製品○○の他社同様製品との比較
3．新製品○○の標準価格と100個単位の販売価格

以上

■あいさつ状

　一般的に縦書きの文書は、社交・儀礼的なあいさつ状・案内状の場合に使います。

　たとえば、創立記念、新会社設立、支店開設、業務内容変更、組織の改編、社名変更、新社屋落成、事務所移転や、役員交替、転勤・転任、新社長就任などの人事異動などがあります。

図表2−14　あいさつ状の例

拝啓　陽春の候、貴社ますますご隆昌のこととお喜び申し上げます。平素は格別のご愛顧を賜り、厚く御礼申し上げます。

　さて、先般ご案内いたしましたとおり、このたび○○○○株式会社輸入部門が分離独立、新会社「○○株式会社」として発足する運びとなりました。これもひとえに皆様方のご愛顧とご支援によるものと深く感謝申し上げる次第です。

　つきましては、今後とも皆様には小社同様ご支援ご高配を賜りたく、なにとぞよろしくお願い申し上げます。

　まずは略儀ながら、書中をもちまして、新会社設立の御挨拶を申し上げます。

敬具

令和○年四月十日

株式会社○○○○
代表取締役社長　○○○○様

○○○○
○○○○
○○株式会社

■案内状

　各種の展示会、講演会、セミナー、研修会などは、多数の参会者を得ることが目的です。このため参加意欲をわかせるよう文面を工夫しましょう。

　開催の日時、会場、電話番号、案内図などを添付し、不備のないようにしましょう。

図表2−15　案内状の例

令和○年○月○日

株式会社 ○○○○
　　○○部長　谷本隆文様

株式会社 ○○○○○○
　　○○部長　大川雄平

発表展示会のご案内

拝啓　時下ますますご清栄のこととお喜び申し上げます。
平素は格別のご厚情とご愛顧を賜り、厚く御礼申し上げます。

　さて、このたび小社では、長年皆様にご愛用いただいてまいりました、各種事務機器類のよりいっそうの利便性を追求し、大型モデルチェンジを行いました。

　つきましては発売に先立ち、日頃ご愛顧いただいているお客様を対象に下記のとおり発表展示会を催すことになりました。ご多忙の折とは存じますが万障お繰り合わせの上、ぜひともご来場賜りますようお願い申し上げます。

敬具

記

1．日　　時：令和○年○月○日（火）10：00〜16：00
2．場　　所：○○○○ショールーム（品川区東品川）
3．展示商品：コピー機、ファクシミリ、ワープロ他

添付書類：カタログ、○○○○ショールーム地図

以上

5 社外文書の出し方と わかりやすい文章の基本

❶ 封筒・葉書の使い方

ビジネスでは、一般的に、会社名やロゴ、トレードマークなどが印刷されている封筒などが使われています。封筒と葉書の書き方の基本は、図表2－16のとおりです。

図表2－16　封筒・葉書の書き方

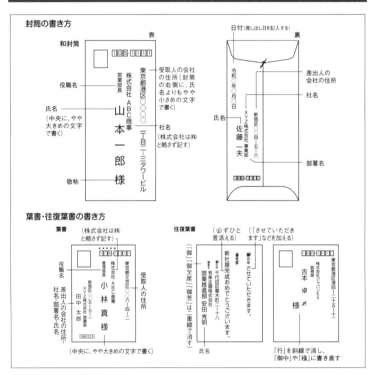

なお、郵便の種類には、普通郵便、速達、書留（内容証明・配達証明）などがあり、その他の配送・通信サービスとして、宅配便、メール便、バイク便、航空便などがあります。送る物の量、到着時間に応じて、コストの面も意識しながら使い分けます。

▶先方に開封をうながすためや、文書の内容を知らせるために、表書きに「親展」「至急」「請求書在中」「契約書在中」「写真在中」などと書くこともあります。

▶**宅配便**
一定の集荷時間までに荷物を預けると、国内なら一部地域を除き、翌日までに届けられます。

▶**メール便**
宅配業者による書類などの軽量な荷物を運ぶ輸送サービスです。

▶**バイク便**
短時間で荷物が送れます。ただし、宅配便に比べ割高です。

▶**航空便**
国内・国外への配送サービスがあります。

❷ わかりやすい文章を書くポイント

1文は40～50字くらいに短く区切って書き、余分な修飾語をできるだけ切り捨てます。

> 【例文】
> × ○県△市に所在するA社を訪問し、昨年より検討してきた
>   新商品の共同開発について合意し、慎重な協議の後、契約を
>   交わした。
> ○ A社との新商品共同開発について合意し、契約を交わした。

1文は1内容として、書くべきことがいくつかあるときは、文を区切ってつながりが複雑にならないようにします。

> 【例文】
> × B社のC氏と新製品の検討を行い、D社、E社の担当者と
>   契約条件の詰めを行った。
> ○ B社のC氏と新製品の検討を行った。また、D社、E社の
>   担当者と契約の詰めを行った。

1文には1つの主部と述部を用い、対応に注意します。

> 【例文】
> × 私の意見は、F商品の通信ソフトが高い。
> ○ 私の意見は、F商品の通信ソフトが高い、ということです。

修飾語は多用しすぎないようにして、文の趣旨を明確にします。また、文意が2通りにとられないよう、語・句・文の接続や対応に注意し、助詞の「て」「に」「を」「は」を正確に使います。

> 【例文】
> × 部長は笑顔であいさつするH社の専務に話しかけた。
> ○ 部長は、笑顔であいさつするH社の専務に話しかけた。
> ○ 部長は笑顔で、あいさつするH社の専務に話しかけた。

難解なことば、専門用語はできるだけ避け、難解なことばや専門用語を使わざるを得ないときには、注釈で解説を加えます。また、文章をわかりやすく、読みやすくするために、さまざまな文書記号を正しく使い分けましょう。

書き終わったら、誤字・脱字などがないか必ず見直します。

第2編

2

▶内容が前半と後半で異なる場合、句読点で区切り、主部と述部を明確にします。主部がない文章は、誤解を招きやすいため、注意します。

▶文書記号の例
・（中黒、中点）並列の関係にあるものに用います。
：（コロン）区切りの記号です。
―（ダッシュ）引用や省略を表します。
＊（米印）注意事項を表します。

▶誤字、脱字とともに、内容に間違いはないか、伝えるべき用件がもれていないかを確認します。読む人の立場になって、最低2回は読み直しましょう。ほかの人に読んでもらうのもよい方法です。

6 電子メール（Eメール）の 書き方

❶ 手紙と電子メールの違い

　書面での手紙は、ある程度、伝統的な形式に沿って書くことが求められます。たとえば、封筒の表書きのあて名の書き方、頭語と結語をきちんと対応させる、形式的なあいさつの文句を入れることなどです。

　一方、電子メールは、形式的に書くことよりも、できるだけ簡潔に用件を書くほうがよいとされています。

　しかし、まったくルールがないというわけではなく、「形式的でなくてもよい」といっても、「自分なりの方法で勝手に書いてもよい」という意味ではありません。相手と気持ちよくやりとりを行うために、一定のルールは存在します。

▶電子メールの書き方については、第1章第6節も参照してください。

❷ 電子メールの書き方

（1）件名で用件を明確にする

　相手によっては、1日に100通を超える電子メールを受け取っているかもしれません。件名だけで内容がある程度予想できれば、相手は「今すぐ読む」「後で読む」と判断することができます。

【わかりにくい件名の例】
・「山田です」（名前だけでは用件がわからない）
・「ご無沙汰しております」（何のメールかわからない）
・「第7プロジェクトの件」（プロジェクトに関連することらしいが、詳細は不明）

【わかりやすい件名の例】
・ミーティング（11月5日）日時変更のご相談
・○○建設工事スケジュールをご確認ください

（2）頭語、結語、時候のあいさつは省略する

本文の最初には「○○様」「○○株式会社　△△様」とあて名を書き、用件に入ります。

電子メールでは、儀礼的なあいさつは省略します。ただし、社外あての場合は、「いつもたいへんお世話になっております」などの簡単なあいさつは入れます。社内あてのメールでも、「お疲れさまです」などのあいさつを入れるのが一般的です。

（3）用件はしぼる

基本は「1メール1用件」です。いくつもの用件を入れると、相手が用件を見落としてしまうかもしれないからです。いくつか用件を記さなければならない場合は、重要な用件を最初に記します。

箇条書きを用いて、要点が相手に伝わるよう工夫することも大切です。

▶用件が多く、文章が長くなる場合は、別にワードやエクセルで文書を作成し、「添付ファイル」として送るとよいでしょう。なお、添付ファイルは、情報の重要度によりパスワードをかけるなどセキュリティには十分注意する必要があります。

図表2－17　電子メールの作成例

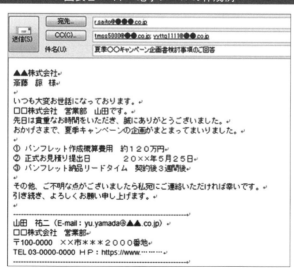

1 電話応対の重要性

❶ 電話はビジネスの重要なツール

　電話は、ビジネスにとって不可欠な道具といえます。電話のかけ方、電話の受け方によって、相手が好意的になってくれたり、逆に、こちらの信用を落としたりすることもあります。相手に気持ちよく話してもらえる受け方・かけ方が大切です。

　電話応対の際には、自分が会社の代表として行動しているという自覚をもつことが大切です。また、1日も早く社内の事情（取引先、定期的な電話など）を覚えられるように自分のまわりの仕事を理解しましょう。

図表3－1　電話応対の心がけ

会社	・明るい	お客さま
	・簡潔	
	・正確	
	・迅速	
代表（自分）	・丁寧	

❷ 事前準備をしっかり行う

　電話は、受ける相手の都合にかかわらずに時間をとらせるものです。簡潔に、不足なく用件を伝えるには、事前の準備が必要です。電話をかける前に用意しておくべきことは、つぎのとおりです。

▶電話は相手の時間を一方的に拘束するということを意識しましょう。

① 電話の近くに、メモ用紙、筆記具、電話番号簿など、必要なものをそろえておく。
② 相手の電話番号、会社名、氏名などに間違いがないか確認する。
③ 5W2Hに沿って用件を整理しておく。
④ 資料が必要であれば、手もとに用意しておく。
⑤ 始業前・昼休みや相手が忙しそうな時間帯は避ける。

❸ 話は明瞭に要領よくを心がける

電話では、相手の表情や態度、状況がわかりません。声だけの会話であることから、つぎのような点に注意すべきです。

① 相手が電話に出たら、いきなり用件に入らず、相手の都合を確認する。
② ひと言ずつ、はっきり、声の大きさや話す速さに気をつけて話す。
③ まぎらわしいことばは、つかわない。
④ あいづちなどで相手に聞いていることを知らせながら聞く。
⑤ 5W2Hを活用して、要領よく、手短に話す。
⑥ 要点をメモし、聞き取れなかった場合は再度確認するなど、お互いに間違いのないように努める。
⑦ 同じ姓の人がいるときは、役職や名前を正確に確認する。

❹ 電話で気をつけるべきことばづかい

前述のように、電話はことばだけのやりとりですから、敬語にも気をつけなければなりません。

●電話での敬語のつかい方の例

a：「○○（部長の名前）は、ただ今席をはずしております」
　自分の上司であっても、名前だけで「○○は」あるいは「部長の○○は」と言います。「○○さんは」「○○部長は」とは言いません。
b：「後ほどこちらからお電話を差し上げましょうか」
　「しましょうか」よりも「差し上げましょうか」のほうが丁寧です。

▶違う意味のあることばや似た数字は、聞き違いが起きないよう、言い方を区別します。
・「私立」「市立」
　→「わたくしりつ」「いちりつ」
・「1」「4」「7」
　→「いち」「よん」「なな」
・「4日」「8日」
　→「よんにち」「はちにち」

▶電話が聞き取りにくいときは、「お声が小さくて聞き取れません」と言うのではなく、つぎのように言い換えましょう。「お電話が少し遠いようですが…」「電波の状態がよくないようですが…」ポイントは、相手のせいにしないことです。

2　電話の受け方

❶ 電話を受ける際の基本

　電話では、ことばづかいや話し方を通じて、こちらの態度が伝わります。電話をかけたお客さまにとっては、電話に出た社員がベテラン社員でも入社直後の新入社員でも関係はありません。電話を受けるときは、自分の対応1つで会社の印象がよくも悪くもなるという気持ちをもって対応しましょう。電話を受ける流れはつぎのとおりです。

① 呼出音が鳴ったら、すぐに出る。

② 会社名（内線の場合は部課名）を名乗る。

③ 相手を確認する。

④ あいさつをする。

⑤-1　名指しされた人が在席する場合は、相手の名前を確認し、「少々お待ちください」と相手に断ってから電話を回す。

⑤-2　名指しされた人が不在の場合は、その旨を告げ、相手の名前と用件を聞き、以下のような対応をとる。

　　・名指しされた人が戻りしだい連絡すると伝える。

　　・伝言の要不要をたずね、必要なときは伝言を受ける。

⑥ 相手に何度も同じことを言わせないようにメモをとりながら注意深く聞き、要点は復唱する。

⑦ 最後に終わりのあいさつをする。名指しされた人の代わりに話を聞いた場合は、相手に「○○（自分の名前）が確かに承りました」と告げる。

　なお、上記の受け答えの際は、つぎの点に注意します。

> ・社外の人からの電話で名指しされた人が不在の場合は、名指し人の帰社時間の予定は伝えてもよいが、出先や理由については詳しくは話さない。
> ・電話のたらいまわしはしない。
> ・電話の内容が理解できない場合は、上司や先輩など対応できる人に代わってもらう。

❷ 電話を受ける際の注意点と話し方

手　順	注意点と話し方
①呼出音が鳴ったらすぐに出る	・メモと筆記用具の準備をする。 ・相手を待たせないよう、すぐに出る習慣を身につける。
②会社名を名乗る （部課名まで名のる場合もある）	・「（はい、）○○会社でございます」 ・相手がはっきり聞き取れるように、社名はゆっくり、はっきり、さわやかに告げる。敬語をつかって、「ございます」が基本。 ・朝11時ぐらいまでは、「おはようございます。○○会社でございます」 ・お待たせしてしまったときは、「たいへんお待たせいたしました。○○会社でございます」
③相手を確認する	・相手が名乗ったときは、「○○さまでいらっしゃいますね」 ・相手が名乗らないときは、「失礼ですが、どちらさまでいらっしゃいますか」
④あいさつをする	・「（おはようございます。）いつもお世話になっております」 ・最初に「おはようございます」と言っている場合は、「いつもお世話になっております」
⑤用件を聞く	・自分が話を聞く場合は、要点をメモする。 ・自分にはわからないとき、答えられないときには、「申しわけございません。私ではわかりかねますので、調べてのちほどご連絡申しあげます」「担当の者に代わりますので、しばらくお待ちください」
⑥要点を復唱する	・メモを読みながら復唱する。とくに、日時・場所・人名・品名・数量などは注意が必要。 ・最後に、所属部門や自分の名前を名乗る。
⑦終わりのあいさつをする	・「ありがとうございました」 ・「承知いたしました。どうぞよろしくお願いいたします」 ・「かしこまりました。どうぞよろしくお願いいたします」 ・「失礼いたします」
⑧受話器を置く	・相手よりもあとに静かに切る。

3 電話のかけ方

❶ 電話をかける際の基本

　電話をかけるときは、どんな用件で電話をしようとしているのか、その内容を整理して箇条書きのメモをつくり、必要な資料などを手もとにそろえておきます。

（1）名指しした人が不在でかけ直す場合

　「何時ごろお戻りでしょうか」とたずね、「では、○時ごろもう一度こちらからお電話いたします」と伝えます。

（2）伝言を依頼する場合

　「お帰りになりましたら、○○の件で電話のあったことをお伝えください」と告げ、確認のため、伝言を依頼した人の名前をたずねておきます。

（3）電話をしてもらいたいとき

　「恐れ入りますが、お帰りになりましたら、お電話をくださるようお伝えください」と伝言します。ただし、これは相手がお客さまや目上の人、取引先の場合などは失礼にあたります。できるだけ避け、こちらからかけ直すようにします。

❷ 電話をかける際のことばづかい

　電話をかける際には、つぎのように言い換えます。
①「○○（自分の名前）ですが、△△（名指し人の名前）さんを

お願いします」

→「□□（会社名）の○○（自分の名前）と<u>申します</u>。△△（名指し人の名前）さまは、いらっしゃいますでしょうか」

自分がどこのだれかをきちんと伝えるとともに、「いらっしゃいますでしょうか」と丁寧な言い方に変えます。

② （相手が不在の場合）「伝えてもらえますか」

→「<u>伝言をお願いしたいのですが…（お伝えくださいますか）</u>」

相手に手間をかけることに申しわけない気持ちを示し、丁寧な表現をつかいましょう。

❸ 電話をかける際の注意点と話し方

手　順	注意点と話し方
①事前準備	・相手の電話番号・所属部署・氏名などを再確認し、用件の要点や話す順序などをメモする。 ・必要な書類・資料をそろえる。
②ボタンを押す	・かけ間違えのないように丁寧に押す。
③相手を確認する	・会社名を聞き取る。 ・相手が名乗らない場合は、「×× さまでいらっしゃいますか」と確認する。
④自分の名前を言う	・「こちらは○○会社の ×× でございます。いつもお世話になっております」
⑤話したい部署、人への取りつぎを依頼する	・「お忙しいところ恐れ入りますが、○○部の ×× さまをお願いいたします」
⑥用件をはっきりと話す	・④を再び言い、相手の都合を考えて、「いま、お時間よろしいでしょうか」と聞く。 ・あいさつは簡単に、用件はメモを見ながら、順序よく的確な表現で話す。
⑦相手の理解を確かめる	・「よろしいでしょうか」 ・「いかがでしょうか」
⑧要点を確認し、終わりのあいさつをする	・念のため要点を復唱し、相手に正しく伝わっているか確認する。 ・「どうもありがとうございました」 ・「よろしくお願いいたします」 ・「失礼いたします」
⑨受話器を置く	・原則として、かけたほうが先に切るが、相手が目上の人や取引先の人であれば先方が切るのを待つほうがよい。

4 電話の取りつぎと 携帯電話のマナー

❶ 電話の取りつぎ方

電話の取りつぎは、状況に応じてつぎのように行います。

（1）名指しされた人がすぐ出られる場合

正確に、すみやかに取りつぎます。

（2）名指しされた人が不在の場合、またはすぐに出られない場合

ａ．こちらからかけ直す場合

今すぐ出られない理由を述べ、かけ直せる時間を告げます。

ｂ．伝言を聞く場合

重要なことは、復唱などして再度確認します。

ｃ．あらためて電話してもらうよう依頼する場合

名指しされた人が戻るだいたいの時間を告げ、礼儀正しくお願いします。

❷ 伝言メモの作成

伝言を受けるときは、受信した自分の名前をはっきり告げ、責任の所在を明らかにします。

また、伝言の内容は、メモにして残します。名指しされた人が席に戻ったら、「電話がありました。メモを置いてあります」のように声をかけます。

伝言メモは、ひと目で内容がわかるように、必要以上に敬語にとらわれず簡潔に書くことが大切です。電話をかけてきた人の会

社名・氏名、場所などの固有名詞、電話番号や時間などの数字に
間違いがないように注意します。

❸ 携帯電話のマナー

携帯電話は、手軽で便利であるだけに、むやみにかけると、受け
る相手にとっては迷惑となることもあります。かけるときには、時
間帯や内容などが適切かどうかをよく考え、話す内容を整理してお
くなど、固定電話にかけるとき以上に気をくばることが大切です。

携帯電話のマナーも、基本は固定電話のマナーと同じです。仕
事で使うときは、とくにつぎのようなことに注意しましょう。

> ① むやみに携帯電話にはかけない。
> ② 訪問時や面談中、会議中は、着信音が出ないよう（マナーモー
> ド）にしておき、緊急の用件以外には出ない。
> ③ 携帯電話は、電波の状態で通話が不安定になるので、お客
> さまにかけるときは十分に注意する。
> ④ 大切な用件、複雑な話や、目上の相手などには、固定電話
> を使うほうが好ましい。
> ⑤ 公共の場では、周囲に気をくばり、声の大きさにも配慮する。
> ⑥ 携帯電話の電磁波は、心臓のペースメーカーや医療機器な
> どに支障をきたすことがあるので、病院や電車などの乗り物
> の中では、携帯電話の電源 OFF を指示する表示があった場合
> にはそれに従う。
> ⑦ 運転中の携帯電話の操作は非常に危険なので絶対にしない。
> ⑧ 歩きながらの携帯電話の使用は危険であり、周囲への配慮
> などとくに注意を要する。

▶会社によっては携帯
電話が支給されてい
る場合もあり、名刺
に番号が載せられて
いる場合もありま
す。その場合は、直
接担当者の携帯電話
へかけるほうが望ま
しいこともあるの
で、相手に確認して
おきましょう。

▶用途が多様なスマー
トフォンでは「歩き
スマホ」などのよう
に、つい人に迷惑を
かけたり危険な行為
をしてしまいがちな
ので、注意が必要で
す。

1　表とグラフの役割と特徴

❶ 数値の把握の大切さ

　私たちの身のまわりには、いろいろな数値の情報があふれています。新聞記事やインターネットのサイトから情報を得る際にも、数値に関する情報は重要です。それ以外にも、仕事上、数値にかかわる情報として、つぎのような例があります。

・伝票などの帳票類
・客観的な数値に関する情報（売上報告、在庫管理、お客さま情報、市場情報など）
・集計した数値の情報（年間売上高集計、年度生産量統計、海外出荷数一覧など）

　会社で扱う数値は、会社全体の仕事の結果を示すものであり、日々の業務やサービスに直結し、また、これからの活動に大きな意味をもちます。「会社は数値で動いている」ともいえます。数値の情報を正しく早く理解できるかどうかで、仕事の成果にも影響します。

▶会社で扱う数値は、成果の確認、将来的な状況の判断、問題点の把握など、さまざまな検討や判断の基礎データとしても使用されます。

❷ 数値情報を理解するための表やグラフ

　数値を表やグラフにすることは、数値情報の把握・評価・判断のもっとも基本的な方法です。ベテランであれば、経験の蓄積ときたえられた目により、膨大な量の情報から必要なものを的確につかみ出すことができます。しかし、経験が浅いうちは、情報の山を前にすると、それらが何を意味しているのかもわからず判断に迷うものです。そこで、膨大情報を理解できる手段として、

▶小売店での商品販売の時点で、その商品や購入客の情報、時間などを集計して管理する手法を販売時点情報管理（POS）といい、経営戦略や在庫管理などに活用されています。

表やグラフを活用します。

　表とグラフの特徴は、つぎのとおりです。

●**表**………ある情報について、対象となる項目（ことば）と内容（数値）を一覧で把握できるようにしたもの。表をつくることで、全体の把握、詳細の分析を一覧で確認できる。

●**グラフ**…表に示された複数の数値情報について、対比や関係を図示したもの。グラフを使うことで、表の数値を図示して、傾向や特徴を確認できる。

▶割合、比率の算出例
　表やグラフでは、実数に加え割合や比率を利用します。
・10人中出席者が8人の場合、出席率は80％（8÷10）
・ある商品について、昨年100個販売し、今年120個販売した場合、今年の販売数比率は、1.2倍（120÷100）

▶日常の仕事がパソコン中心になるにともなって、エクセルなどの表計算ソフトが身近に利用できるようになりました。表計算ソフトで、必要な計算を自動化できます。

▶割合と単位換算の例
・1 ＝ 10割 ＝ 100％
・1 ÷ 10 ＝ 1割 ＝ 10％
・1 ÷ 2 ＝ 5割 ＝ 50％
・4 ÷ 5 ＝ 8割 ＝ 80％

第2編
4

図表4－1　表とグラフの例

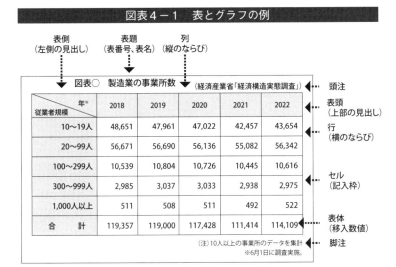

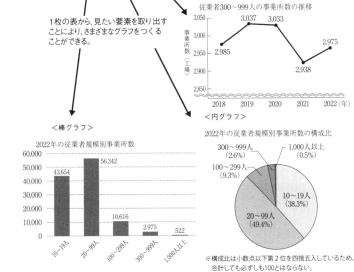

2 表の読み方・まとめ方

❶ 表の読み方

STEP 1：表題で何を示した表かを読み取り内容の見当をつける

STEP 2：頭注・脚注を読んで、注意点を確認する

STEP 3：全体を見て、概要を確認する

・項目を理解し、語句の意味を読み取る。

・数値の単位（○千円、○万人など）、実数（○個、○本など）か割合（○%、○割など）かなどを確認する。

・総数、総量、該当期間、規模、数値、平均などを把握する。

▶表には、多くの有用な情報がまとめられています。表の読み方を知っておけば、短時間で多くの情報を得ることができます。

図表4－2　表の読み方

関東地区には支店が3店あり、その合計が関東地区の数値となる

数値の単位を確認する
販売台数：台、売上金額：千円
平均単価：千円（＝売上金額÷販売台数）

年単位の集計

金額の単位は千円

支店別の販売実績　2022年-23年

（金額：千円）

支店 ＼ 年	22年			23年			対22年伸び率（売上金額）
	販売台数	売上金額	平均単価	販売台数	売上金額	平均単価	
青山支店	670	75,040	112	620	68,820	111	-8.30%
横浜支店	257	28,270	110	287	30,996	108	9.60%
幕張支店	143	16,320	114	143	16,016	112	-1.90%
関東地区	1,070	119,630	112	1,050	115,832	110	-3.10%
関西地区	960	111,360	116	968	112,288	116	0.80%
九州地区	645	73,960	115	817	89,870	110	21.50%
全　国	2,675	304,950	114	2,835	317,990	113	4.30%

関東地区、関西地区、九州地区の合計が全国の合計となる

対22年伸び率（金額）は、
（23年売上金額－22年売上金額）÷（22年売上金額）×100
マイナスは23年の売上金額が22年と比較して減少したことを示す

▶「台」「円」など数値の単位に注意します。とくに、金額の単位は重要です。

▶青山支店の伸び率
　(68,820–75,040)÷75,040×100＝–8.3% となります。マイナスは、前年と比較して減少したことを意味します。

読み取れる内容

■ 23年の全国の販売台数は160台増加し、平均単価が1千円下がったが、売上金額は22年に対して4.3%増加した。

■ 地区別に見ると、売上金額の伸び率が全国平均を超えるのは九州地区だけである。

・ 九州地区は、平均単価は5千円下がったが、販売台数が172台増加し、売上金額は22年に対して21.5%も増加した。

・ 関西地区は、平均単価は変わらないが、販売台数の増加により、売上金額は22年に対して0.8%増加した。

・ 関東地区は販売台数も平均単価も下がり、売上金額は22年に対して3.1%減少した。

■ 関東の支店では、横浜支店だけが22年に対して売上金額を伸ばし、他の2店は売上金額が減少した。

▶平均単価
　1台あたりの平均売上金額を意味します。

STEP 4：詳細を見る

・重要な項目、注目すべき項目をしぼりこむ。

・基準となる数値を定める。

・数値相互の関連を見る（小計、累計、構成比、増減比など）。

STEP 5：結論を得る

・読み取った内容をもとに、全体を総合的に把握する。

❷ 表のまとめ方

STEP 1：目的を確認する

・何を表し、どのような目的で使う表かを確認する。

・年間の支店別売上集計表、商品別の各社シェア比較表、月別・日別の商品売上高など、目的に合った表を作成する。

STEP 2：資料を収集する

・目的に必要な項目を考え、関連数値（各支店別売上金額、成長率など）を集める。

・月次で集計する、総合計を出す、対前年比率を算出するなどデータの加工をする。

STEP 3：資料の内容を検討する

・資料の出所、数値の信頼性、数値に間違いがないか確認する。

・見たいもの、知りたいものは何かなど、項目を確認する。

・数値は細かすぎないか・大まかすぎないか、合計・小計などに計算違いはないか確認する。

STEP 4：構成を決定する

・表の種類、縦型・横型などの形式を考える。

・項目と数値の配列順は見やすいか確認する（支店名を縦（列）にし、月次（時系列）を横（行）にするなど）。

STEP 5：表を作成する

・入力もれや入力ミスなどに注意する。

STEP 6：表を点検する

・項目と数値、合計・小計や前年度との差などを丁寧に見る。

▶表を作成する際には、会議資料として使う、社外提出用資料として使うなど、目的や用途を確認します。

第2編

4

▶表をまとめるうえでは、パソコン活用力のほか思考力も必要になります。

3 グラフのつくり方と特徴

❶ 表からグラフへのつくり方

多数の情報を含む複雑な表は、そのままではグラフにできません。グラフは、見たい情報を1つか2つの要素にしぼりこんでから作成します。また、表現したい要素によって、グラフの種類を選びます。

❷ グラフの特徴

（1）折れ線グラフ

時間の経過に沿った変化を示すのに適しています。全体的な変化や周期が見てとれ、流れを追って予測も立てやすくなります。

図表4−3　折れ線グラフ

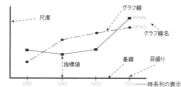

グラフの線の種類で数値を分けて比較できる。

（2）棒グラフ

同一時点での数値の差を見るのに適しています。目標の達成度を前年実績と比較するなど、比較順位をつけるのにも便利です。

図表4−4　棒グラフ

異なる色や柄のグラフを重ねて、推移を比較することができる。

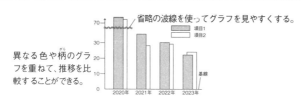

省略の波線を使ってグラフを見やすくする。

▶**数値の比較等の例**

①増減率（％）

　今月と先月との比較：「今月の金額÷先月の金額×100」→ 100より大きければ、先月より増加、100より小さければ、先月より減少です。

②割合（％）

　今月は全体のどの程度の割合かの把握：「今月の全額÷全体の合計額×100」→ 10の場合、今月の割合は10%です。

③平均

　1月20、2月50、3月80の場合、1〜3月の平均は「（1月＋2月＋3月）÷3」→「（20＋50＋80）÷3＝50」→3か月の平均は50です。

▶グラフの種類は、見やすく、表の数値の特徴が表現できるものを選びます。

（3）円グラフ

構成比の内訳を示すのに適しています。

図表4－5　円グラフ

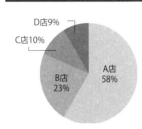

円グラフでは、項目名とパーセンテージを円の中に記入することが多く、記入できない場合は引き出し線を使用して、円の外に記入します。
右図のように、真ん中に合計を入れたドーナツグラフを使うこともあります。

（4）帯グラフ

構成比の内訳を示すのに適しています。帯をならべることで、多くの項目を比較して見ることができます。

図表4－6　帯グラフ

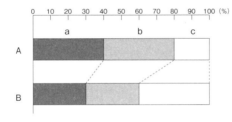

（5）その他のグラフ

絵グラフ、面積グラフ、レーダーチャートなど、さまざまな表現方法があります。整理した情報の見やすさや、表現したい情報の特徴や傾向から使い分けます。

図表4－7　絵グラフ、面積グラフ、レーダーチャート

絵グラフ

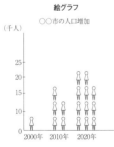

数値や内容をその対象の図柄で表し、比較・変化などを示す。

面積グラフ

数値の大小の違いを面積の大きさによって大づかみに示す。

レーダーチャート

いくつかの項目の数値の違いを同一時点（観点）で比較しながら示す。

▶折れ線グラフの書き方

　一般的に、横軸に時間（年・月・日）、縦軸に金額や台数などを表示します。折れ線が複数ある場合、色や線種を変えて見やすくします。

▶棒グラフの書き方

　一般的に、縦軸に金額や台数などの数値をとり、横軸に時間（年・月・日）や地域別、営業所別などの項目をとります。

▶円グラフの書き方

　構成比を見るために、単位は一般的に％を用います。時計の12時のところから構成比の大きい順に、時計回りにならべます。

▶帯グラフの書き方

　帯全体の目盛りは100％となります。項目はとくに強調したいものがなければ、一般的に、数値の大きい順にならべます。

▶レーダーチャートでは、会社の得意分野・不得意分野などの比較ができます。

第2編

4

127

1 情報の取捨選択

❶ 何が必要な情報かを判断する

　ビジネスでは、会社の大小、社会人経験の長短を問わず、激しく変化する環境に対応していかなければなりません。新入社員としては、まず、自分の属する業界についての知識を高めていくことが必要です。さらに、業界内・業界外について、広い視野をもって情報の収集・整理を心がけることが求められます。

　インターネットが普及し大量の情報があふれている現代では、限られた時間とコストの範囲内で、できるだけ多くの精度の高い情報を集めなければなりません。自分にとって必要な情報は何かを見きわめて、情報の取捨選択をすることが重要です。

❷ 情報収集のポイント

　仮説や問題意識をもって情報に接することで、「自分に必要な情報」が目にとまるようになります。また、意識的に情報収集の範囲や深さを追求することで、見識を深めることができます。

図表5－1　必要な情報の収集ポイント

必要な情報は何か	収集のポイント
① 自分の仕事にはどのような情報が必要なのか。 ② 仕事に関する周辺情報には何があるのか。 ③ 社会全体の最新の動きはどうなっているのか。	① 仮説や問題意識をもって情報に接する。 ② 関連しそうな情報を広く調べる。 ③ 同じテーマを時系列で追いかける。

❸ さまざまな情報源

　情報収集を行う際には、図表5－2のように、さまざまな情報源を利用できます。それぞれの特徴を知り、どのような情報をどの情報源から取得するのか使い分けます。

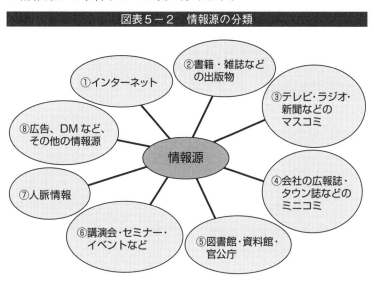

図表5－2　情報源の分類

図表5－3　情報源の特徴

情報源	特徴
インターネット	いつでも手軽に情報を検索できる。
書籍・雑誌（出版物）	興味のあるテーマを深く調べられる。
テレビ・ラジオ・新聞（マスコミ）	日々のさまざまな社会の動きがわかる。
広報誌・タウン誌（ミニコミ）	会社や地域の動向がわかる。
図書館・資料館・官公庁	多くの本の閲覧（無料で調べること）ができる。
講演会・セミナー・イベント	有識者や専門家の話を直接聞ける。
人脈情報	インターネットや活字から入手できない新しい情報が得られる。
広告・DM（その他）	流行やトレンドを読み取れる。

第２編

5

2 インターネット等からの情報収集

❶ さまざまなメディアからの情報収集

　情報社会といわれる現在、情報が仕事の幅と深さを決め、ビジネスチャンスを増やす鍵となっています。情報は、さまざまなメディアから収集できる一方、収集した情報を上手に取捨選択し、迅速かつ有効に活用する工夫が必要です。各メディアの特徴を知り、自分が今必要としている情報を得るには、どのようなメディアを利用すればよいかを考えることが大切です。

図表5－4　各メディアの特徴

インターネット	・速報性がある。 ・検索サイトなどを使うことで、特定分野にしぼることができる。 ・公的機関など重要な情報源から、早く・確実に・大量に情報を得られる。 ・外国語ができれば、外国のサイトからも情報が収集できる。 ・情報の信頼性・新しさには、十分に注意する必要がある。
テレビ	・速報性がある。 ・映像をともなっているので、印象に残りやすい。 ・記録に残すためには録画が必要になる。
新聞	・重要な事項をバランスよく網羅している。 ・信頼性が高い。 ・持ち運びしやすく、どこでも情報収集できる（記録・保存性がよい）。 ・書き手の意見が書かれている場合は、参考にできる。

❷ インターネットからの情報収集

　会社や官公庁など、国内・国外問わず無数の組織がインターネット上に情報を公開しています。自分の仕事に関係があると思わ

▶政府統計の種類
　国勢調査、人口動態調査、家計調査、貿易統計、作物統計、労働力調査などがあります。

れる会社や官公庁のサイトにアクセスしてみて、役立つ情報がある
サイトを把握しておきます。役立つ情報があるサイトは、インター
ネットブラウザの「お気に入り」に整理して登録しておくと、定期
的な最新情報のチェックや、急に必要になったときの検索などに役
立ちます。役立つサイトの例は、つぎのとおりです。

●**官公庁（政府や自治体）**……信頼性の高い統計情報・白書や官
　公庁の考えを示すガイドライン（基準）が公表されている。

●**会社（民間法人や公益法人）**……会社の経営方針、活動内容や
　商品、業績、社会貢献などが把握できる。

●**報道機関（新聞社など）**………取材に基づいており信頼性が高
　く、速報性の高いニュースが入手できる。

　情報検索サイト（検索エンジン）は、インターネットで検索で
きる世界中の情報をデータベース化し、キーワードで該当ページ
の情報を表示する機能があります。検索エンジンを上手に使用す
ることで、インターネット上の大量の情報から必要な情報を見つ
けることができます。目的を考え、使いやすいものを選んで活用
しましょう。

❸ インターネット情報を利用するときの注意

　インターネット上の情報は、情報の正確さ、信頼性に注意が必
要です。情報の出所を確認し、**信頼できる情報か**確認しましょう。
まずは、公的機関や報道機関など信頼性の高いサイトから検索し
ます。一方で、SNS や個人ブログなどの書きこみ情報をそのま
ま信じるのは危険です。いくつかのサイトの情報を比較したり、
出所をたどったりして、情報の妥当性を判断する必要があります。

　また、インターネットには新しい情報と古い情報が混在してい
るため、ページ作成日や情報の更新日を必ず確認しましょう。

　さらに、インターネット上の情報には、著作権や肖像権があり
ます。公開する文書などでインターネット上の情報を利用する際
には、提供者（著作者）の了承を受ける必要があります。

▶**白書の種類**
　経済財政白書、高齢
　社会白書、厚生労働
　白書、科学技術白書
　などがあります。

▶**情報検索サイト**
　Yahoo!Japan、Google
　などがあります。

▶**著作権**
　文章・美術・音楽な
　どについて、その著
　作物を著作者が独占
　的に支配して利益を
　受ける権利です。

▶**肖像権**
　自分の顔や姿（肖像）
　を無断で写真や絵画
　にされたり、自分が
　写っている写真を無
　断使用されたりする
　ことを拒否できる権
　利で、人格権の一部
　です。

▶**インターネットテレビ**
　インターネットを通
　して放送される番組。
　Netflix や AbemaTV
　などのインターネッ
　トだけで独自の番組
　組を提供するもの、
　NHK オンデマンド
　などのテレビ局が提
　供しているもの、政
　府の動きや重要政策
　を紹介する政府イン
　ターネットテレビな
　ど、さまざまなサー
　ビスが広がってきま
　した。

第 2 編

5

3　新聞からの情報収集

❶ 新聞の特徴

　新聞は大量の情報がコンパクトにまとめられています。テーマ毎に掲載される紙面が分けられ、各記事に見出しや要約がつき、必要な記事を取捨選択して読むことができます。テレビや映像ニュースでは、映像により視覚的に理解しやすい反面、映像の中の情報だけ取捨選択するのは難しく、新聞ほどの多くの情報を映像化して伝えることは困難です。切り抜いておけば、後からでも確認することができるので記録性・保存性がよいといえます。

❷ 新聞の種類

　新聞には多くの種類があり、発行形態、内容などによって分けることができます。まず、日本全国に取材拠点をもち全地域の読者を対象とする全国紙と、特定地域（主に都道府県）の読者を対象とした地方紙があります。つぎに、全分野の内容をかたよりなく掲載している一般紙と、ある分野に特化した専門紙（業界新聞など）があります。

❸ 紙面の構成

　新聞記事を効率的に読むためには、紙面の構成を知っておくことが必要です。一般的な新聞には、政治面、経済面、国際面、社会面（三面記事）、地域面などがあり、それぞれテーマによって掲載される面が決まっています。仕事に直結する記事だけを読むの

▶新聞本紙を縮小して、月単位で冊子にまとめた縮刷版（しゅくさつ）や、インターネット上で読める電子版もあります。

▶全国紙
読売新聞、朝日新聞、毎日新聞、日本経済新聞、産経新聞などがあります。

▶地方紙
北海道新聞、中日新聞、西日本新聞などがあります。

▶一般紙
読売新聞、朝日新聞、毎日新聞などがあります。

▶専門紙
日本経済新聞、日刊工業新聞、日経ＭＪなどがあります。

ではなく、ひととおり目を通し、世の中の動きをつかみましょう。

❹ 新聞の読み方

新聞を効果的に読むためには、以下のようなポイントがあります。

a．毎日少しずつでも読む習慣をつける

新聞を読む力は、習慣により身についてきます。新聞から世の中の情勢や仕事に関係する情報が把握できるようになります。

b．まず必要な記事を選んで読む

新聞には多くの記事が掲載されていますが、見出しやリード文から必要な記事を選びましょう。

c. 新聞を読み比べる

同じ事柄であっても、新聞社や記者により取材先や見解が異なるため、必ずしも各紙が同じ内容を伝えているとはかぎりません。客観的な情報を収集するためにも、内容の理解を深めるためにも、いくつかの新聞を読み比べましょう。

d. 業界に関係する専門紙も活用する

専門紙は、特定の分野について、一般紙よりも深く専門的に記事が書かれています。業界の最新情報が得られることもあります。

e. ニュース記事と解説記事を区別して読む

ニュース記事は、事実を正確に伝えることが目的であり、いつ、誰が、どこで、何を、どうしたかが明確に書かれています。解説記事は、発生した事柄に対して記者の知識や経験などが加えられて書かれています。

解説記事は、読者の理解をうながす非常に役立つ情報ですが、一方で新聞社の見解や記者の意見なども加わっているため、数紙を読み比べることが望まれます。

なお、新聞は、いったん報道された記事でも、あとで内容が訂正される場合があります。同じ日付の同一紙でも、印刷時間や配布地域によって紙面の構成や記事の内容が異なり、印刷時間が遅

第２編

5

▶地域に密着した情報が掲載されている紙面（地域面や地方面）は、配布地域ごとに記事の構成や内容が異なります。

い新聞は、最新の記事に差し替えられていることがあります。

❺ 新聞記事の読み方

　新聞を手に取ると、文字や記事の多さに圧倒されるかもしれません。まず、新聞記事の構成を知り、効率的に情報収集するテクニックを身につけることが必要です。

　新聞の記事は、読者が5W2Hをできるだけ早く理解できるように、結論や要約が先に書かれています。実際に次ページの紙面を見ながら、読み方のポイントを考えていきましょう。

a．見出しに注目する

　最初に、見出しに注目します。見出しは本文で言いたいことを端的に表現しており、記事のキーワードが使われています。めだつように大きな活字で書かれています。

b．リード文で概要を把握する

　つぎに、見出しに続く記事の要旨をまとめた数行の文章を読みます。これを、リード文（リード）といいます。長い記事にはリード文がついていることが多く、短い記事にはありません。

c．本文を読む

　本文を読む際には、見出しやリード文で使われているキーワードに着目しながら読みます。

d．図表やグラフを見る

　記事の内容を裏づけたり、読者の理解をうながすために、図表やグラフが記載されている記事も多くあります。

e．キーワード欄を読む

　重要な用語（キーワード）には、解説がついていることがあります。その用語は、記事全体を理解するために必要であるということを意味しますので、目を通しておきましょう。

▶見出しのあとがすぐに本文になっている記事では、本文の最初の一段落がリード文の役割を果たしています。

図表5－5　新聞記事を読むポイント　　（日本経済新聞 2023.7.13）

d. 図表・グラフ
記事を裏づける数字や補足事項をビジュアルに説明する。

b. リード文
本文の要約。概要はここで把握できる。

a. 見出し
最重要キーワードが使用されている。

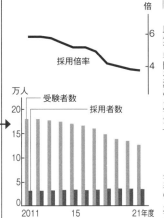

教員採用試験の受験者数は減少傾向

採用倍率

万人
受験者数　採用者数

（注）文科省の資料に基づき作成

学校教員にIT・国際人材

四年制大学、養成課程見直し

文科省

文部科学省は大学での教員養成課程を見直す。今秋をめどに教職課程の認定基準を改め、大学生が最短2年で教員免許を取れる制度を新たに導入する。IT（情報技術）系学部でデータの利用法を詳しく学んだり、長期留学を経験したりした人が教員になりやすくする。

最短2年で免許取得

現在の教職課程は四年制大学で1種免許、短期大学で2種免許を取得できる。1種は幼稚園から高校まで、2種は幼稚園から中学まで教えられる。

文科省は認定基準を見直し、主に短大向けだった2種を四年制大学でも特例的に取れるようにする。1種は必要な単位数が51～59と多く、長期留学をする学生や教育学部以外で専門を深める学生との両立も視野に入れ

が取得を断念することがあった。2種は必要な単位数が31～37で負担は比較的軽く、留学や資格試験との両立も視野に入れやすくなる。

同省はITを含むSTEM（科学・技術・工学・数学）分野、国際関係、心理などを専門とする学部・学科に2種免許を取れる課程を置くことを想定。大学から申請を募り、2025年春の入学者か

以外で専門を深める学生ら新課程を受けられるようにする。

学校では学習用端末でのデータ活用、デジタル教科書の導入、小学校での英語の教科化などの変化が起き、教員に求められる能力は一段と幅広くなっている。

文科相の諮問機関、中央教育審議会は22年12月の答申で、教員の強みや専門性を高めるために教員養成を見直す必要性を指摘した。大学で専門分野の学びを深めた学生が柔軟に免許を取得できる履修モデルをつくるよう提言していた。

22年3月に同省が創設した「教員養成フラッグシップ大学」制度も活用する。社会の変化に応じた教員養成カリキュラムをつくるため、指定された大学は履修科目の一部をデジタル技術で指導力を高めるといった独自の内容に振り替えられる。第1

公立小中高校の教員採用試験受験者が減ければ学校で教えられないと定める。一般の免許状は、大学で学士などの基礎資格を得たうえで文部科学省令が認定した教職課程で所定の単位を得た人に、都道府県教育委員会が授与する。45校ある国立の教員養成大学・学部のほか、公私立の大学も教職課程を置く。一般の

1種免許を取るには教育方法論や教育心理学などの履修や2～4週間の教育実習が必要となる。教員免許の授与数は2021年度で約18万7千件。

▼教員養成制度　教育職員免許法は原則として、免許がな

程で教授らに占める教職経験者の比率が約16％にとどまっていた。より現場を知る立場から学生を教えることで不安を和らげ、教員をすぐにやめてしまうような事態を減らす。

国立の教員養成系大学や教育学部では22年時点

大の末富芳教授は「人手不足で学校に余裕がなければ若手育成ができない。教員や支援スタッフの拡充、働き方改革を並行して進めていく必要がある」と指摘している。

2割以上を教員経験者にするよう義務付ける。

同省は26年度以降に学部新設や組織改編をする大学に、教育学部の教授らの2割以上を教員経験者にするよう義務付ける。

公立小中の採用試験倍率は過去最低の2・5倍になった。同省は待遇改善を検討している。

教育政策に詳しい日本

配備に伴う授業でのデータに強い教員を育てるには、早期離職を防いで人材の層を厚さを保つことが必要だ。

の導入、小学校での英語の教科化などの変化が起さまざまな分野の専門性に秀でた教員らの輩出につなげる。

弾で指定されたのは東京学芸大、大阪教育大など。成果を全国の教育学部などに還元し、専門性に秀でた教員らの輩出につなげる。

採用試験受験者は11年度実施で18万人を超えていたが、21年度は約12万6千人に落ちこんだ。21年度の公立小の採用試験倍率

教員「2種免許」を四年制大学に拡大

免許の種類	相当する学歴	幼稚園・小中学校	高校
専修免許	大学院修了相当	○	○
1種免許	四年制大卒業相当	○	○
2種免許→四年制大学に拡大	短大卒業相当	○	×

（注）文科省の資料に基づき作成

e. キーワード欄
理解すべきキーワードを解説している。

c. 本文
経緯、詳細の説明、事例、識者の意見などで主題に肉づけしている。

（※）記事のレイアウトは変更されています。

1 日本経済の基本構造と変化

❶ 日本経済の基本構造

　日本は第二次大戦の敗戦により大きな打撃を受けましたが、その後は短期間で経済大国に発展しました。原油などの資源が乏しい日本は、輸入した原料に付加価値を加えて製品として輸出する**加工貿易**で高い競争力を発揮し、大きな経済成長をとげました。

　その反面、国内産業を保護・育成するため、外国からの輸入を制限したり、外国資本の日本進出を規制したりといった政策が、アメリカなど欧米諸国との間で大きな問題（貿易摩擦）を引き起こしました。日本が経済大国へと発展するにつれ、企業も海外と共通の基準や考え方で、共存または競合することが必要になり、日本の**国際化・グローバル化**が進められることとなったのです。

❷ 日本経済の変化

①第二次大戦直後

　食料と電力の不足に苦しむ生活から抜け出すため、**肥料、電力、石炭**から復興が始まりました。

② 1950年代

　1950年に朝鮮戦争が起こり、特需によって日本の各種産業が急速に立ち直りました。1950年代後半には新時代を象徴する「三種の神器」の洗濯機・冷蔵庫・白黒テレビが普及し、**家電、食品、繊維衣料**などの生活必需品関連が主力産業となりました。

③ 1960年代

　大規模設備投資や技術革新で、**鉄鋼、造船、自動車、化学**など

▶**貿易摩擦**
　輸出額から輸入額を引いた差額（貿易収支）がプラスとなる貿易黒字国と、マイナスとなる貿易赤字国の間で、経済的な不均衡から紛争が起きることです。

▶**プラザ合意**
　先進5ヵ国蔵相・中央銀行総裁会議（G5）により発表された為替レート安定化に関する合意のことです。日本にとっては、実質的に円高ドル安に誘導する内容であったため円高が進み、その後のバブル景気のきっかけとなりました。

▶**グローバル化**
　資本や情報、人などの移動が活発になり、国境を越えて、世界的な結びつきが強くなることです。

▶**不良資産**
　回収の見こみのない債権や売却が困難な証券など、本来の価値を失った資産のことです。

の産業（重厚長大型産業）が先導し、**高度経済成長**をとげました。

④ 1970 年代

二度の石油危機（**オイルショック**）が発生しましたが、日本は、**省エネ・省資源・省力化**の努力と、エレクトロニクスを中心とした**電子・電気機器、精密機器**などの技術発展で国際競争力を高めました。そして、世界最大の**貿易黒字国**へと発展しました。

⑤ 1980 年代

国内総生産（GDP）で世界第 2 位へと成長した日本は、1985年の**プラザ合意**をきっかけに進行した**円高**に苦しみました。その後、円高対策として実施した政策（ドル買い、超低金利政策）は、膨大な余剰資金を生み出し、株価や土地価格が急激に実際の価値以上に上昇する**バブル経済**といわれる状況となりました。

⑥ 1990 年代

バブル経済は 1990 年代の公定歩合の引上げにより急速に崩壊し、日本は長期不況に直面しました。多くの会社は、バブル時代の過剰な投資などで発生した巨額の不良資産の処理に苦しむこととなり、デフレ経済といわれる状況となりました。

⑦ 2000 年代

長期低迷した日本経済は、**IT 企業の急成長**などで 2002 年から回復傾向となりました。しかし、2008 年にアメリカの投資銀行が経営破たんする**リーマン・ショック**が世界的な不況を招き、ドル安円高の傾向が強まり、日本経済も大きな打撃を受けました。

⑧ 2010 年代

2011 年の東日本大震災、**超円高、欧州財政危機**などから輸出が大幅に減り、さらに打撃を受けましたが、経済政策で円安による輸出回復、訪日外国人の増加などで景気は回復していきました。

⑨ 2020 年代

ロシアによるウクライナ侵攻や米中経済対立などによる経済的な世界分断の危機と資源高、新型コロナウイルス感染症の影響によるインフレーションと円安、地球温暖化による自然災害の激甚化など、さまざまな問題が発生し、経済的に課題の多い年代となっています。

▶**デフレ経済**
物価の全体的な下落（デフレーション）により企業の売上や利益が減少し、景気全体が低迷する状況のことです。物価の下落と景気の低迷が交互にくりかえされて加速する状況を、デフレスパイラルと呼びます。なお、物価が持続的に上昇していく経済現象はインフレーションといいます。

▶**欧州財政危機**
2010 年、ギリシャが欧州通貨（ユーロ）参加の財政基準を満たしていないことが判明し、ギリシャ国債が暴落しました。そこで、ドイツ、フランスなどがギリシャへの大規模な金融支援をして、世界的な株安やユーロ安に歯止めをかけました。しかし、イタリアやスペインなど周辺諸国の財政危機も深刻で、欧州経済の不安による世界景気の悪化が懸念されました。

▶今後は、少子高齢化にともなう労働力不足が課題で、AI や IoT などの ICT の活用による生産性向上や女性・高齢者・外国人の活用が鍵を握ります。

第 2 編
6

2 経済環境の変化と求められる人材の変化

❶ 産業構造の変化

　バブル時代の過大な投資と、その後の株価や土地価格の急激な下落などにより、多くの会社で負債、設備、雇用人員が過剰となりました。大会社の整理・倒産も、かつてないほどに数多く発生して、多くの会社が**リストラ（リストラクチャリング）**を実行しました。

　この結果、労働時間の短縮や人員削減につながり、会社で働く人たちにとっては、所得の減少や多数の失業を生みました。深刻な雇用不安は、さらに消費の不振につながり、景気低迷をますます長引かせることとなりました。

　同時に、**経済のグローバル化**により、市場や産業に大きな変化が起きました。海外の安い労働力などを求め、製造業は海外に工場を建設し、情報産業ではオフショア開発（海外開発）が進みました。日本が得意であった電器製品で海外企業との競争が激化する一方、素材産業では多くの日本企業が健闘しています。

❷ 環境問題への対応

　経済の発展にともなって、大気汚染物質や産業廃棄物などによる**環境破壊**が世界的な問題となりました。日本の政府による環境問題への取り組みとして、さまざまな法律や規制の制定と改正が行われました。環境に関する法律や規制により、会社のコストは増えますが、厳しい環境基準をクリアする新たな技術を生み出すことで、世界的競争で優位に立つことが可能になるという利点も

▶リストラクチャリング
経営環境の変化に合わせて事業の再構築や変革を行うことです。バブル崩壊後の日本では、人員削減の意味で用いられることもありました。

▶エレクトロニクスの分野では、海外に工場を移転するだけでなく、EMS（Electronics Manufacturing Service）と呼ばれる製造のアウトソーシングが進みました。Apple社など世界的な企業がEMSを活用したことで、台湾の鴻海精密工業のように巨大なEMSが生まれました。

▶情報産業では、コスト削減と国内の技術者不足に対応するため、中国、インド、東南アジアなどにオフショア開発が進みました。ソフトウエア開発だけでなく、システム運用やコールセンターなどのオフショア化も進みつつあります。

あります。たとえば、自動車業界では、環境性能に優れたガソリン車やハイブリット車が高い競争力を発揮してきました。近年は、脱炭素技術が注目されていますが、日本の脱炭素の技術力や独自性による競争力は世界トップレベルです。

また、東日本大震災における東京電力福島第一原子力発電所の事故は、日本国民の電力と原子力に対する意識を大きく変えることになりました。メガソーラーといわれる大規模太陽光発電や風力発電といった自然エネルギーによる発電が注目されています。

火力発電でも、石油や石炭よりも二酸化炭素の排出量が少ない天然ガスを使用した発電が増えてきており、海底から採取されるメタンハイドレートなどが注目されています。なお、頁岩層（けつがん）と呼ばれる地層から採取される天然ガス（シェールガス）は、活用が進んでいます。

❸ 変化の時代に求められる人材

IT技術の進歩は、世界中の会社や消費者とを直接結びつけるインターネット取引を実現させました。

また、業種・業界・産業間の壁が取り払われ、既存の産業への異業種参入や、業種の融合による新しい産業が見られるようになりました。これらは、経済全体を活性化させる一方で、業種・業界・産業間での競争を激化させています。

経済のグローバル化や少子高齢化の進展、厳しい雇用環境の継続など、日本の社会・経済は大きく変化しています。それにより、個人の価値観やライフスタイルも多様化しています。会社で働く人は、つねに世界の情勢に目を向けながら、日本の社会・経済の現状と将来について考えていくことが大切になります。

激しい競争のなかで、各社は、技術開発力、開拓スピード力だけでなく、**お客さまのニーズの変化をすばやく把握する力**を問われています。変化にすみやかに対応するには、会社で働く一人ひとりの意識や能力がこれまで以上に重要になります。

▶素材産業の例
たとえば、ボーイング社のボーイング787やApple社のiPhoneには、多くの日本製部品が使われています。

▶シェアビジネス
使っていない部屋・車などを必要とする人に有料で貸し出すビジネスで、UberやAirbnbなどが代表例です。インターネットやスマートフォンの普及により、借りたい人が貸したい人を即座に探し出せるようになったことで、ビジネスとして成立するようになりました。遊休資産の活用が経済活性化につながる一方、信頼性・安全性の確保や法制度の整備などが課題です。

▶メタンハイドレート
天然ガスの成分であるメタンと水が結晶化した氷状の物質で「燃える氷」と呼ばれます。日本周辺の海には天然ガスの年間使用量の100年分が埋蔵されていると考えられ、天然ガスに変わるエネルギー源として調査や採掘方法の研究が始まっています。

第2編

6

第2編　仕事の実践とビジネスツール

確　認　問　題

（1）定型業務と非定型業務に関する記述について、<u>誤っている</u>箇所を選択肢から選べ。

　　業務を大きく分類すると定型業務と非定型業務に分けることができる。<u>非定型業務</u>では前例があまり参考にならないケースが多い。また、担当による仕事の出来の個人差が<u>大きい</u>のは非定型業務である。業務の例を挙げると、新しいお客さまの開拓やクレーム、事故処理などは<u>定型業務</u>といえる。

【選択肢】

ア．非定型業務　　　　イ．大きい　　　　ウ．定型業務

　　　　　　第1章2　定型業務・非定型業務とマニュアル［平成28年度後期試験　問2（5）］

（2）職場でパソコンを利用する際の情報セキュリティ上の留意点に関する記述として、適切なものを選択肢から選べ。

【選択肢】

ア．パソコンやネットワークを利用する際には、設定したパスワードを忘れてしまったときに備えて、メモ書きして机に貼っておくとよい。

イ．仕事に関係のない内容や個人情報を発信することは、多くの会社で社内規定によって禁止されている。

ウ．ウィルスの感染経路は電子メールに限定されるため、疑わしい電子メールの添付ファイルを開かないように留意する。　　　　第1章5　パソコンは仕事の基本［平成27年度後期試験問2（5）］

（3）次の用語の説明として適切なものを選択肢から選べ。

コンピュータリテラシー

【選択肢】

ア．コンピュータやスマートフォンなどの携帯端末の動作に被害をもたらす不正なプログラムの一種のこと。

イ．コンピュータを使いこなす能力のことで、コンピュータを操作して必要な情報を得ることができる知識や能力のこと。

ウ．インターネットを通じて情報を扱う時に、プライバシーの侵害や、根拠のない悪口で相手を害することがないよう身に付けるべき態度や考え方のこと。

　　　　　　　　　第1章5　パソコンは仕事の基本［平成28年度後期試験　問3（2）］

（4）社内文書と社外文書の特徴および書き方の留意点について、適切なものを選択肢から選べ。

【選択肢】

	社内文書	社外文書
ア.	頭語と結語の組み合わせは、内容によって使い分ける。	儀礼性の強い部分はできるだけ省き、明快な表現が望ましい。
イ.	社内での信頼関係を築くために用いられる文書である。	業務を合理的に進めるための、情報共有に用いられる文書である。
ウ.	効率的に必要な用件を伝えるために、箇条書きを多用する。	敬意を表しながら正確に意向を伝えるために、書式や内容には注意する。

第2章2 ビジネス文書の種類［平成26年度後期試験問4（2）］

（5）社内文書の種類と目的の組み合わせとして、適切なものを選択肢から選べ。

a.　研修会の案内など社内の事項を、社員に広く伝えるための文書のこと。

b.　新しいイベントなどを計画して、社内に提案するための文書のこと。

c.　会議の内容や決定事項を記録する文書のこと。

【選択肢】

	a	b	c
ア.	照会書	企画書	議事録
イ.	通知書	企画書	議事録
ウ.	通知書	届出書	照会書

第2章3 社内文書の種類と作成例
［平成28年度前期試験問2（3）］

（6）社外からの電話を受け、名指しされた人が不在の場合の基本的な応対の手順について、適切なものを選択肢から選べ。

① 呼出音が鳴ったらすぐに出る。

② 会社名を名のる。

③ 名指しされた人が不在であることを告げる。

④ 名指しされた人が不在であることと、不在の理由を詳しく説明する。

⑤ 相手の名前を確認する。

⑥ 相手の用件を確認して名指しされた人が戻りしだい連絡すると伝え、終わりのあいさつをする。

【選択肢】

ア．①→②→⑤→③→⑥　　イ．①→②→⑤→④→⑥　　ウ．①→⑤→②→③→⑥

第3章1 電話応対の重要性［平成27年度前期試験問4（4）］

（7）　　　　　　　　に入れるべき適切な字句を選択肢から選べ。

　時間の経過に沿ったデータの変化を示したグラフを　　　　　　　　といい、全体的なデータの変動から今後の予測を立てるのに適している。

ア．円グラフ　　イ．レーダーチャート　　ウ．帯グラフ　　エ．折れ線グラフ

第4章1 表とグラフの役割と特徴［平成25年度後期試験問1（2）］

（8）情報収集とメディアの活用に関する「情報源」と「特徴」について、適切な字句を選択肢から選べ。

【選択肢】

	情　報　源	特　徴
ア．	インターネット	いつでも手軽にさまざまな情報を収集でき、信頼性が極めて高い。
イ．	人脈による情報	信頼のおける人物からの情報は、マスコミ等からは得られない価値の高い情報も含まれることが多い。
ウ．	テレビ・ラジオ・新聞（マスコミ）	日々のさまざまな社会の動きが分かり、即時にこれらの情報源と視聴者や読者との双方向の情報交換ができる。

第5章1 情報の取捨選択［平成26年度前期試験問4（5）］

（9）次の用語の説明として適切なものを選択肢から選べ。

著作権

【選択肢】

ア．商品やサービスを他者のものと区別するために、文字、記号、図形などの標識を登録して、独占的に使用できる権利のこと。

イ．文学、美術、音楽など、思想や感情を表現した創作物について、創作者が利益を受ける権利のこと。

ウ．自分の顔や姿が写っている写真などを、本人の許可なく無断で他人に使用されないよう、保護される権利のこと。

第5章 2 インターネット等からの情報収集［平成30年後期試験問3（1）］

（10）次の用語の説明として適切なものを選択肢から選べ。

グローバル化

【選択肢】

ア．貿易収支がプラスとなる貿易黒字国と、マイナスとなる貿易赤字国の間で、経済的な不均衡が発生して、紛争が起きること。

イ．温室効果ガスの増加などで地球表面の温度が平均的に上昇し、異常気象や海面水位の上昇が起こること。

ウ．国や地域といった従来の枠組みを超えて、地球規模で商品やサービスの取引、情報のやり取りが行われ、国内市場と海外市場の境界線がなくなること。

第6章 2 経済成長の変化と求められる人材の変化［平成27年度前期試験問3（5）］

【解答】（1）ウ　　（2）イ　　（3）イ　　（4）ウ　　（5）イ

　　　　（6）ア　　（7）エ　　（8）イ　　（9）イ　　（10）ウ

巻末資料

ビジネス用語の基本

▶暗号資産（仮想通貨）

インターネット上で流通する通貨に似た機能を持ち、モノやサービスの購入に使用できる。ビットコイン（BTC）が代表的で、インターネットを介してどの国・地域からも使えるので貨幣の両替えの必要がなく、海外への送金も送金手数料がほとんどかからない。一方、国による価値の保証がなく、安全面や信用問題から価値の変動が大きいなどのリスクがある。2019年に、呼称が仮想通貨から暗号資産に変更された。

▶イノベーション（innovation）

画期的な新製品・新サービスの創造、新生産方式の導入など経済発展の原動力となる幅広い変革を意味し、技術革新ともいう。ICカード、スマートフォンなどの例がある。

▶インバウンド（Inbound）消費

海外から日本に訪れた外国人が日本国内でモノやサービスを購入すること。2019年が最盛期で、訪日外国人は約3,188万人、インバウンド消費額は4兆8,135億円である。その後、新型コロナウイルス感染症の影響で大きく落ち込んでいたが、2022年6月の観光目的の外国人受入れ再開や水際対策の緩和などにより回復傾向にあり、2022年の訪日外国人は約383万人、インバウンド消費額は8,987億円（2022年観光庁試算）であった。

▶インフォデミック

インフォメーション（Information）とパンデミック（Pandemic）を組み合わせた造語。フェイクニュースや不確かな情報などがデジタルメディアやSNSなどを通じて大量に氾濫し、現実社会に影響を及ぼす現象のこと。生成AIにより、本物と区別できないほど精巧な偽情報を作ることができるようになり、正しい情報を見分ける判断力や、事実確認力がますます重要となっている。（➡「生成AI」「AI」）

▶インフルエンサー（Influencer）

影響力がある人の意味。現在は、マーケティング用語として、消費者の購買行動に影響力がある人という意味で使われることが多い。SNSでフォロワーが多い人、視聴者数が多いYouTuber、有名な芸能人やモデルなどが代表例である。企業がインフルエンサーを通して消費者に広告宣伝することをインフルエンサー・マーケティングと呼び、利用が増加しているが、2023年10月より広告宣伝とわからない広告宣伝行為（ステルスマーケティング）が景品表示法違反となったことで、広告宣伝の表示が必要になった。

▶エッセンシャルワーカー（essential worker）

社会生活の維持に不可欠な仕事をしている人々。「必要不可欠」を意味するessentialと「働く人」を意味するworkerを組み合わせた言葉。医療、社会福祉や介護、生活必需品の提供（生産・物流・販売）、電気・ガス・水道・通信といった社会インフラ維持などに従事する人々の総称。

▶エネルギーミックス（Energy mix）

電気などを生み出すエネルギー源の組み合わせのこと。天然ガスや石油などの化石燃

料、太陽光発電や風力発電などの再生可能エネルギー、原子力などのエネルギー源があり、環境負荷、経済性、安全性、安定供給を重視した最適な組み合わせが求められている。発電においては 2020 年時点で化石燃料が全体の 4 分の 3 を占めており、化石燃料の大半を輸入に頼る日本では、エネルギーミックスは重要な課題である。

カ

▶ カスタマーハラスメント (customer harassment)
顧客による暴言・暴力、嫌がらせ、過度な要求、悪質なクレームなどの迷惑行為のこと。近年増加傾向にある。従業員の心身を傷つけ、離職にもつながるため、対応マニュアルの作成や、担当者や相談窓口の設置など、対策を行う会社が増えている。

▶ 完全失業率
総務省統計で毎月発表される、労働力人口に占める完全失業者（就業が可能でありながら仕事につけない就職希望者）の割合。2023 年 7 月時点で 2.7％であり、完全失業者数は 183 万人である。

▶ 規模の経済
工場などで製品の生産量を増大させて製品 1 個あたりの経費を少なくすること。スケールメリット（scale merit）ともいい、平均費用が減少する結果、利益率が高まる。

▶ クーリングオフ (cooling-off)
契約後一定期間内であれば、無条件に契約を解約できる制度。クーリングオフができる期間は、訪問販売、電話勧誘販売、特定

継続的役務提供などは 8 日間、連鎖販売取引、業務提供誘引販売取引は 20 日間である。2022 年 6 月 1 日より、書面によるほか、電子メールなどの電磁的記録でもクーリングオフの通知を行うことが可能になった。日本では、主に消費者保護が目的であるため、契約者が事業者の場合、原則利用できない。

▶ 合計特殊出生率
一人の女性が生涯に産む子どもの平均数を示す数値。同じ人口を維持する分岐点は 2.07 とされるが、日本では 2022 年は 1.26 である。この低い出生率が続いた場合、労働人口、購買人口ともに減少し、日本経済が衰退していくことが懸念される。

▶ 高齢社会
ある国や地域の人口に占める 65 歳以上の高齢者の比率（高齢化率）が高まっている状態。日本の高齢化は、「長寿化」と「少子化」の 2 つの大きな流れが組み合わさった結果であり、高齢化社会（高齢化率 7％超 〜 14％以下）、高齢社会（同 14％超 〜 21％以下）よりも進み、2022 年 9 月 15 日現在では 29.1％までに上昇し、超高齢社会（同 21％超）となっている。このまま高齢化が進めば、高齢者と若い世代の社会保障（年金、医療費、介護費など）に関する給付と負担のバランスが崩れ、社会保障制度の崩壊につながることが懸念される。

▶ 子どもの貧困
国や地域の水準と比較して貧しい状態を相対的貧困といい、日本の相対的貧困の割合は 15.4％に上る。相対的貧困の世帯では、

子どもの教育環境においても格差が発生し、貧困が固定化する問題がある。また、家事や家族の世話などを日常的に行っている子どもは、自分の時間がとれず、学業や就職への支障、孤立など、さらに深刻な問題を抱え、「ヤングケアラー」と呼ばれている。

▶サイバー (cyber) 攻撃

データの窃盗・改ざん・破壊やシステムの機能停止を目的として、コンピュータやネットワークに仕掛けられる悪意を持った活動。多くの企業や省庁で個人情報の流出や、ホームページの改ざんなどの被害を受けている。手口としては、取引先などを装って不正プログラムが添付された偽装メールを送信し、受信者が添付ファイルを開くと不正プログラムがコンピュータに侵入する標的型攻撃メールが増加している。

▶サブスクリプション (subscription)

定額料金を支払うことで、一定期間の商品取得やサービス利用の権利を購入するビジネスモデル。契約期間が過ぎると利用できなくなる。月額単位で利用料が決まっているものが多い。動画配信、音楽配信が身近な例だが、最近は、自動車や外食など多くの分野に広がっている。

▶サミット (summit)

主要国首脳会議。首脳の地位を「山頂」に例えた呼び名である。自由貿易や環境問題など世界経済におけるさまざまな課題を討議するため、毎年、日本、イギリス、ドイツ、フランス、イタリア、アメリカ合衆国、カナダの首脳（G7、現在参加停止中のロシアを含める場合はG8）を招集し、各国持ち回りで開催される。2023年は5月に日本の広島でG7が開催された。

▶シミュレーション (simulation)

模擬実験。実際の実験をせず、モデルを使ってある現象の解析を行うこと。自然科学や経済学などさまざまな分野で活用されている。コンピュータを使用することが多い。

▶ジャストインタイム (JIT) 生産システム

必要なものを、必要なときに、必要な量だけ、必要な場所へ供給する生産の管理手法。トヨタ自動車が始め、全世界に広がった。JITを実現する代表的な生産管理手法が「かんばん方式」である。

▶受動喫煙

非喫煙者が周囲の喫煙者からたばこの煙を吸わされること。喫煙者が吸っている煙はフィルターを通しているが、たばこから立ち昇る煙は通していないため、ニコチンやタールなどの有害物質は、喫煙者が吸う煙より多いという説もある。世界的に公共の場所や職場での禁煙・分煙が進んでいる。2018年に受動喫煙を防止する改正健康増進法が成立し、2020年4月に公共の施設や飲食店等（一部の飲食店を除く）で受動喫煙対策の実施が義務化された。

▶食品ロス

まだ食べられるのに廃棄される食品のこと。小売店での売れ残りや返品、飲食店での食べ残しなど事業で生じるロスと、料理の作り過ぎによる食べ残しや、未使用での廃棄

など家庭で生じるロスがある。日本では年間約523万トン（消費者庁による2021年度の推計）、世界では約25億トンとされる。世界では飢えや栄養不足で苦しんでいる人々が約8億人いるといわれるなかで、食品ロスは世界的な問題となっている。食品ロスを削減するためには、料理の注文し過ぎや食料の買い過ぎに注意するなど、一人ひとりの行動が重要である。また、事業者でも、飲食業の食材の仕入れ量の見直しや、調理過程での廃棄食材削減、小売業の手前から商品を取る「てまえどり」の推進など、取り組みが広がっている。

▶生成AI

文章、写真、動画、音楽などさまざまなコンテンツを生成するAIのこと。入力情報を認識し判定ができる認識系AIと異なり、創造的な情報を生成できる。2022年11月に公開されたChatGPTはGPTという生成AIとテキストで会話ができる無料のサービスで、5日間で100万人のユーザーに到達する爆発的な人気と、自然で品質の高い会話が人々を驚かせた。生成AIはビジネスでも使われ始めているが、誤った内容が含まれることや、情報漏洩のリスクが指摘され、注意が必要である。（➡「AI」）

▶成年年齢引き下げ

民法の成年年齢を20歳から18歳に引き下げること等を内容とする「民法の一部を改正する法律」が成立し、2022年4月に施行された。背景には、世界的には成年年齢は18歳が主流であること、近年、政策上の重要な事項の判断に関し、18歳、19歳も大人として扱う政策が進められて

きたことがある。これまで20歳にならないと認められなかった、携帯電話などの契約（親の同意不要）や、公認会計士などの国家資格に基づく職業に就くこと（資格試験への合格等が必要）、性別の取扱いの変更審判を受けることなどについて、18歳以上で可能になった。一方、飲酒、喫煙などについては20歳以上の年齢制限が維持される。

▶セールスプロモーション（sales promotion）

販売促進活動。消費者の購買意欲や流通業者の販売意欲を引き出す取り組み全般。消費者に、製品の試用・試食（サンプリング）をしてもらったり、景品をつけたり、商品を値引きしたりする。新型コロナウイルス感染症の影響で、Webや動画などを活用した非対面型の活動が増えている。

▶世界遺産

ユネスコ（国際連合教育科学文化機関）に登録される世界的に重要な自然・文化遺産。加盟国の拠出による世界遺産基金で保護される。日本では、2021年に新たに「奄美大島、徳之島、沖縄島北部及び西表島」が自然遺産に、「北海道・北東北の縄文遺跡群」が文化遺産に登録された。2023年9月現在、文化遺産20ヵ所（法隆寺地域の仏教建造物、姫路城など）と、自然遺産5ヵ所（屋久島など）が登録されている。

▶ダイナミック・プライシング（dynamic pricing）

市場の需要と供給の状況に合わせて価格を変動させること。利益を最大化できるメ

リットがある。たとえば、繁忙期の航空券や宿泊料の値上がりや、閉店前のスーパーの値引きなどがこの考え方であり、スポーツ観戦のチケットなどでも適用されている。最近では、ネット販売や電子棚札などの普及により、販売価格の変更にともなう負担が少なくなったため、直近の需要と供給に合わせて日ごと、時間帯ごとでも積極的に価格を変動させることが可能となってきた。

▶地球温暖化

地球表面の大気や海洋の温度が平均的に上昇していくこと。二酸化炭素、メタンなどの温室効果ガスの増加、森林破壊といった要因がある。1997年の「京都議定書」で先進国の温室効果ガスの削減目標が定められ、2015年パリで開催された「COP21」で2020年以降のすべての国・地域が参加する新たな枠組み「パリ協定」が合意された。日本は、「2050年温室効果ガス排出量実質的にゼロ」を目標としている。実質的にゼロとは、二酸化炭素などの温室効果ガス「排出量」から森林などによる「吸収量」を差し引き、合計をゼロ（カーボンニュートラル）にすることである。

▶地産地消

地域で生産された農産物やとれた水産物を、その地域内で消費すること。地域資源を活用した商品を開発・販売して、地域の活性化や消費者の食の安全の高まりといったニーズに応える役割も期待されている。

▶著作権侵害

著作権の対象となっている著作物を、その利用について正当な権限を有しない第三者が著作権の及ぶ範囲で利用する行為。著作物とは、思想または感情を創作的に表現したもので、文芸、学術、美術、音楽の範囲に属するものをいう。近年は、電子書籍作成代行や音楽ＣＤの複製、ファスト映画などの問題がある。

▶デジタルマーケティング (digital marketing)

デジタル技術を使用したマーケティング手法。デジタルマーケティングは幅広い概念で、Webマーケティング、O2O（Online to Offline）、オムニチャンネルなどを含む。デジタル技術を使用することで購買情報の収集、分析が容易になり、効果的なマーケティングが可能になった。インターネットやスマホアプリを活用した購買行動が増加しており、デジタルマーケティングの重要性が高まっている。例としては、ホームページ、Web広告、SNSを活用した情報発信、デジタルサイネージなどがある。

▶電子決済

現金を使わずに電子データのやりとりだけで決済する方式。クレジットカード、デビットカードの決済や、カードやスマートフォンにお金をチャージして使う電子マネー、コード決済（QRコード決済、バーコード決済）などが含まれる。キャッシュレス決済比率は堅調に上昇し、2022年は111兆円であり、内訳は、クレジットカードが93.8兆円、デビットカードが3.2兆円、電子マネーが6.1兆円、コード決済が7.9兆円であった。政府は、キャッシュレス決済比率を2025年までに4割程度、将来的には世界最高水準の80%を目指している。

▶特別警報

気象庁が発表する防災情報の一つ。警報の発表基準をはるかに超える大雨や大津波等が予想され、重大な災害のおそれが著しく高まっているときに、最大級の警戒を呼びかける発表。大雨特別警報が最も多く発表されており、積乱雲が連続して線状に発生して同じ地域に雨が降り続けるものを線状降水帯といい、集中豪雨を引き起こす。

▶ドローン（drone）

「無人航空機」のこと。航空法では、構造上、人が乗ることができない機器で、遠隔操作又は自動操縦により飛行させることができるものを指す。GPS やセンサー・カメラを備えて自律飛行できるものもある。映像撮影や農薬散布などで活用が進み、配達手段としても実証実験が始まっている。衝突や落下など事故防止のため、2015 年の航空法改正でドローンの飛行ルールが定められ、2021 年の航空法改正でドローンの機体 100 g 以上の登録が義務化された。

▶ニッチ市場

ニッチ（niche）とはすき間の意味。規模は大きくないが、特定の顧客ニーズが存在している市場で、大手企業が気づいていない、またはあまりねらわない市場である。中小企業に比較的チャンスがある市場である。

▶ネットの誹謗中傷

SNS などで、悪口や根拠のないことを言いふらして他人の名誉を傷つけること。SNS は匿名（とくめい）で投稿できるため他人を誹謗中傷しやすく、また、他人の発言を容易に拡散できるため、被害者が出るなど社会問題となっている。ネットの誹謗中傷は犯罪であることを認識し、安易な投稿・拡散をしないことが重要である。なお、被害を受けたときには、SNS などの管理者に問題がある書き込みの削除依頼や、発信者情報の開示請求ができる法律もある。

▶ノーマライゼーション（normalization）

障がい者や高齢者などに特別な配慮をするのではなく、そうした人々も一般の人々も変わらずに生活ができる社会こそがノーマル（正常）な状態とする考え方。

▶働き方改革

一億総活躍社会実現に向けた取り組みの一つで、働く人の立場・視点に立って労働制度の抜本改革を行い、企業文化や風土を含め変えようとするもの。長時間労働や正規と非正規の格差などを是正し、労働生産性を向上させて成果を働く人に分配することで、賃金の上昇、需要の拡大という成長と分配の好循環を実現するねらいがある。主に、テレワーク（在宅勤務など会社の外で働くこと）などの働き方の多様化、ノー残業デーなどの残業時間抑制、計画年休などの休日増加を中心に進められ、2019 年4 月から時間外労働の上限規制が導入され、法律の整備も進んでいる。自動車運転の業務は、労働時間の上限規制の適用が猶予されてきたが、2024 年 4 月から適用になり、物流に与える影響（物流の 2024 年問題）が懸念されている。

▶**パブリシティ（publicity）**

製品や会社の情報、会社のイメージなどについて、マスメディアに報道されるよう働きかける広報活動。

▶**バリアフリー（barrier-free）**

障害物を取り除き、障がい者や高齢者のために、車椅子での移動がしにくい段差をなくしたり、手すりを付けたりして、暮らしやすい生活や社会環境をつくり出すこと。

▶**パワーハラスメント（power harassment）**

「power（力）」と「harassment（嫌がらせ）」を合わせた和製英語。同じ職場で働く人などに対して、職務上の地位や人間関係といった優位性を背景にして、業務の適正な範囲を超えて、精神的・身体的な苦痛を与えたり、職場環境を悪化させたりする行為をいう。職場のメンタルヘルスに深刻な影響を与え、社会問題となっている。

▶**非正規雇用**

パートタイマー、アルバイト、契約社員（雇用期間を定めた者）や派遣社員など、正規雇用以外の雇用形態。2022 年平均では、雇用者に占める非正規の従業員割合が36.9%となっている。

▶**非対面型ビジネス**

顧客と対面することなく販売やサービスを提供すること。新型コロナウイルス感染症の拡大防止策として急速に広がっている。非接触型ビジネスとも呼ぶ。ネット販売、飲食店のデリバリーサービス、Web セミナーやeラーニングなどが代表例。ほかにも、宅配ロッカーを使った荷物の受け渡し

や、ホテルのフロント業務を自動チェックイン機で非対面化するなどの例がある。多くの場合、ICT の活用で実現されており、先端事例としては、ロボットによる接客、無人店舗なども始まっている。

▶**プライベートブランド（private brand）**

小売・流通業者が独自に企画・開発した製品。メーカーとタイアップして開発することもある。一般的にメーカーのブランド商品（ナショナルブランド）より低価格である。代表的なものにイオンの「トップバリュ」やセブン＆アイ・ホールディングスの「セブンプレミアム」などがある。

▶**フランチャイズチェーン（franchise chain）**

販売会社、外食企業などがチェーン主宰会社（本部）となり、独立店舗を加盟店にした小売形態。本部が加盟店に統一の商号や商標を使用させ、同一のイメージのもとに事業する権利を与え、経営を指導する。本部にはロイヤリティが入り、加盟店には経営ノウハウ、ブランド力などがもたらされるなど、相互に有益な契約となる。

▶**ブレーンストーミング（brainstorming）**

自由にたくさんの案を出し合う、他人の案を否定しないといったルールの下に問題を討議して、新しい考えを創出させるという、アイデア発想のための討議法の一つ。

▶**マーケットシェア（market share）**

単にシェアともいう。ある製品やサービスの市場への総供給量のうち、特定の会社の

供給量が占める割合（市場占有率）のこと。

▶**マーケティング（marketing）**

状況の変化に対応しながら商品やサービスの開発・提供を効率的に行うための市場調査、商品化計画、販売促進、宣伝広告などの総合的な活動。

▶**マイクロプラスチック（microplastics）**

海を漂流するプラスチックが劣化や破砕を重ねて微細片になったもの。海洋生物の体内に取り込まれることから、生態系への影響や、捕食した人体への影響などが懸念されている。そのため、近年はプラスチックのストローやレジ袋を紙製に変える動きがあり、2020年7月からプラスチック製レジ袋の有料化が小売店に義務付けられた。

▶**マイナンバー制度**

2015年10月から国民の一人ひとりに12ケタのマイナンバー（個人番号）が通知された。社会保障、税、災害対策の分野で関連する複数の機関に存在する個人の情報が、同一人の情報であることを確認するために活用される。2016年1月から社会保障、税、災害対策の行政手続きをすることにマイナンバーが必要となった。マイナンバーカードにはオンラインで行政手続きを行うための電子証明書が記録されていて、コンビニエンスストアで住民票の写しが取れる、健康保険証としても利用できるなど、利便性が広がりつつある。

▶**メンタルヘルス（mental health）**

精神的健康、つまり、「心の健康」のことを指す。まず、自分自身の「心の健康」を

損なわないための予防、そして損なわれそうになった「心の健康」を改善、すでに不調を来してしまった人への周囲のサポートや治療などを主な内容とした「心の健康管理」の意味合いでも用いられる。

▶**有効求人倍率**

公共職業安定所に登録された求職者に対する求人総数の割合。1を下回ると求人数より求職者のほうが多いことを意味し、景気動向の判断材料になる。2008年のリーマンショックで一時0.5倍を割り込んだが、2018年の1.61倍まで増加。その後緩やかに減少しており、2022年は1.28倍、2023年は1.29～1.35倍前後を推移している。

▶**ユニバーサルデザイン（universal design）**

障がい者・健常者、高齢者といった区別なく、誰もが使いやすい商品、または、住みやすい街・住宅・設備を考えたデザイン。

▶**ライブコマース（Live Commerce）**

インターネットを使用してライブ配信で商品を紹介し販売する手法。テレビショッピングと異なり、販売側と購入側の双方向のコミュニケーションがあることが特徴である。スマートフォンなどを利用したライブ配信とチャット機能により、臨場感のある購買体験が実現でき、スムーズに商品の購入が可能である。中国ではライブコマース市場（食料品、衣料品、美容関連市場など）

が急成長しており、日本でも、アパレル業界、美容業界などで導入が始まっている。

▶ リコール（recall）

欠陥製品を製造者が回収し、修理、交換を行うこと。とくに自動車の場合、安全上や公害防止上の問題があるため、原因が設計や生産過程の場合は、国土交通大臣に届け出てリコールを行わなければならない。

▶ 3R

天然資源を有効に活用し環境負荷を抑えた循環型社会を形成するための、リデュース（Reduce）、リユース（Reuse）、リサイクル（Recycle）の3つの総称。リデュースは物を大切に使い廃棄物を減らす、リユースは使えるものは繰り返し使う、リサイクルは廃棄物を他の原材料やエネルギー源として再利用する取り組み。

▶ AI（Artificial Intelligence）

人間が行う知的な作業をコンピュータが代行するためのソフトウエアやシステムのこと。人工知能とも言い、音声認識、画像認識、自動運転、投資のアドバイスなどさまざまな分野に応用されている。人間を超えることが難しいとされていた囲碁や将棋などでもAIが人間を超え、医療や研究開発など様々な分野で人間より高度な判断ができることを期待されている。（➡「生成AI」）

▶ EU（European Union）

1993年11月に発効された欧州連合条約（マーストリヒト条約）に基づき創設された欧州連合の略称。外交・安全保障政策の共通化と通貨統合の実現を目的とする統合体。2020年1月31日に英国が脱退し、加盟国は27ヵ国となった。

▶ GAFA

米国を代表する巨大IT企業であるGoogle、Apple、Facebook（現Meta）、Amazonの略語。利用者数が多いことで、GAFAが社会に与える影響の大きさが懸念され、個人情報の取扱い、取引先に対する優越的地位の濫用など多くの問題が指摘されている。

▶ GDP（Gross Domestic Product）

国内総生産のこと。国内の居住者が生産した財・サービス金額を集計したものであり、個人消費、企業の設備投資、政府支出、貿易収支などで構成される。2020年の日本の実質GDP成長率は－4.1%となり、リーマンショック時の2008年の－3.6%を超えるマイナスとなった。2022年は1.3%となっている。

▶ ICT（Information and Communication Technology）

情報通信技術。IT（Information Technology）はコンピュータ関連の技術を指すが、ネットワークの普及に伴い通信も含めてICTと呼ぶことが多くなった。電子決済、POS、業務ソフト、RPA（コンピュータ上のソフトウエアロボットによる業務の自動化）など、ICTは企業の生産性向上策としても期待され、政府もIT導入補助金などを用意して後押ししている。一方、ICT普及に伴いネットワーク経由のサイバー攻撃も増

えており、サイバーセキュリティ対策の重要性も増してくる。

▶ LGBT

Lesbian（<ruby>女<rt></rt>性<rt></rt>同<rt></rt>性<rt></rt>愛<rt></rt>者</ruby>）（レズビアン）、Gay（男性同性愛者）（ゲイ）、Bisexual（両性愛者）（バイセクシュアル）、Transgender（身体の性と心の性が一致しない人）（トランスジェンダー）の略語。性的マイノリティ（性的少数者）は、LGBT の 4 種類だけではないため、全体を指す用語として LGBT を複数形として LGBTs としたり、Questioning（性的指向を決めかねている人）（クエスチョニング）と Queer（性的マイノリティの総称）（クィア）の Q を加えて LGBTQ が使われることもある。LGBT はさまざまな差別を受けてきたが、近年は LGBT を人間の個性として受け止め、権利を尊重する動きが広がっていて、性的指向による差別を禁止したり、同性婚を認めたりなどする法整備を進めた国もある。日本でも LGBT の社内研修を取り入れる企業や、性差を感じさせないデザインのジェンダーレス制服の導入などの取り組みが進められている。

▶ NISA/iDeCo

NISA（少額投資非課税制度）は、購入した株式や投資信託などの金融商品から得られる利益が非課税になる制度。2024 年以降に新制度が導入される予定で、年間投資枠が拡大され、非課税保有期間が無期限化される。iDeCo（個人型確定拠出年金）は、私的年金制度の一つ。運用利益が非課税になることは NISA と同じだが、資金の引き出しは 60 歳まで原則できないことや、NISA にはない投資額の所得控除があるなどが異なる。政府は、家計金融資産を投資に活用することによる市場の活性化と、家計の資産形成をねらいとして NISA や iDeCo を推進している。

▶ SSL/TLS（Secure Socket Layer/ Transport Layer Security）

インターネット通信の暗号化技術。通信時に個人情報などの重要な情報が第三者に漏れる危険性を回避するシステム。TLS は SSL をもとに標準化された技術で、合わせて SSL/TLS と呼ぶことが多い。

▶ Web3.0

ブロックチェーン技術を活用した分散型のインターネットのこと。静的な Web ページを閲覧する一方向の情報発信が主であった初期のインターネットは Web1.0 と呼ばれ、SNS などにより双方向の情報の流れが実現した現在のインターネットは Web2.0 と呼ばれる。Web3.0 では、中央集権型プラットフォームを介さずに、個人が自分の情報やデータを所有し、誰でも安全に利活用することが可能となる。Web3.0 の例としては、分散型金融（DeFi）、分散型人材ネットワークなどがある。

▶ WTO（World Trade Organization）

貿易の自由化を促すためにさまざまな国際ルールを定めたり加盟国間の交渉の場を提供したりする国際機関。紛争解決の場としても用いられる。1995 年 1 月に発足、本部はスイス・ジュネーブにあり、2022 年 6 月現在、164 ヵ国・地域が加盟している。

索引

ナ

ハ

マ

参考文献

『会社生活の基礎知識—職場の人間関係とマナー常識』PHP 研究所　編　　　　　　　　　　　PHP 研究所

『新入社員読本＜仕事の基本編＞』日本能率協会　編　　　　　　日本能率協会マネジメントセンター

『新社会人のための仕事の基本　ビジネスマナー編』ビジネス実務研究会　編

　　　　　　　　　　　　　　　　　　　　　　　　　　　　　　日本能率協会マネジメントセンター

『コミュニケーションの技術　話し方・書き方と社交のマナー』PHP 研究所　編　　　　　PHP 研究所

『「仕事」の基本技術—仕事の進め方と実務ノウハウ』PHP 研究所　編　　　　　　　　　PHP 研究所

『図解でわかる仕事の基本　正しい敬語のつかい方』青木テル　監修　　　松本久美子・宮崎美由紀　著

　　　　　　　　　　　　　　　　　　　　　　　　　　　　　　日本能率協会マネジメントセンター

『図解でわかる仕事の基本　そのまま使えるビジネス文書』日本能率協会　編

　　　　　　　　　　　　　　　　　　　　　　　　　　　　　　日本能率協会マネジメントセンター

『社内・社外文書の書き方—必要な文書がすぐ引き出せる』清水保　著　　　　　　　　　　池田書店

『我が国産業の現状—図とデータでみる産業動向〈1998 年版〉』通商産業大臣官房調査統計部　編

　　　　　　　　　　　　　　　　　　　　　　　　　　　　　　　　　通商産業調査会出版部

『ビジネス常識事典　最新版』自由国民社実用書編集部　編　　　　　　　　　　　　　　自由国民社

『例文で読むカタカナ語の辞典　第 3 版』小学館辞典編集部　編　　　　　　　　　　　　　小学館

●監修者紹介●

一般財団法人　職業教育・キャリア教育財団

ビジネス能力検定（B検）および情報検定（J検）の試験実施団体。職業教育・キャリア教育の情報を広く社会に発信し、職業教育・キャリア教育に対する社会の理解を深めることにより、教育機関および学習者を支援するとともに職業教育・キャリア教育の普及啓発に努めている。具体的な事業としては9つあり、研究事業、研修事業、国際交流事業、検定事業、キャリア形成支援事業、評価事業、認証事業、安心・安全の確保に資する事業、助成・補助事業を実施している。

2024年版　ビジネス能力検定ジョブパス3級公式テキスト

2023年12月30日　　　初版第1刷発行
2024年4月5日　　　　第2刷発行

監修者——一般財団法人 職業教育・キャリア教育財団
　　　　　Ⓒ 2023 Association for Technical and Career Education
発行者——張　士洛
発行所——日本能率協会マネジメントセンター
〒103-6009　東京都中央区日本橋2-7-1　東京日本橋タワー
TEL　03(6362)4339（編集）／03(6362)4558（販売）
FAX　03(3272)8127（編集・販売）
https://www.jmam.co.jp/

装　丁————————岡村 佳織
カバーイラスト————村山 宇希（ぽるか）
本文イラスト————高田 真弓
本文DTP————————株式会社アプレ コミュニケーションズ
印刷所————————広研印刷株式会社
製本所————————株式会社新寿堂

ISBN978-4-8005-9153-1　C3034
落丁・乱丁はおとりかえします。
PRINTED IN JAPAN

■ ビジネス能力検定（B検）ジョブパス2級公式テキスト

唯一の公式テキストであり、試験対策用教材です。職業教育・キャリア教育の道しるべとしてご活用いただけます。

■ ビジネス能力検定ジョブパス2級公式テキスト
一般財団法人　職業教育・キャリア教育財団　監修

■ B5判　168頁

■ 留学生向けふりがな付きテキスト

ビジネス能力検定ジョブパス3級公式テキストの内容を通して、外国人留学生が日本のビジネス習慣、日本企業における働き方を学ぶための教材です。

■ 留学生向けふりがな付きビジネス能力検定ジョブパス3級公式テキスト
一般財団法人　職業教育・キャリア教育財団　監修

■ B5判　176頁